LA GERBE

DU GLANEUR

POÉSIES ÉROTIQUES

PAR

L'Auteur de MES LOISIRS, des CAUSERIES INTIMES, des NOUVEAUX
DÉLASSEMENTS et de LA RUCHE

LE COMTE F. DE BERMONDET DE CROMIÈRES

Colonel de gendarmerie en retraite, Chevalier de Saint-Louis, Officier de la Légion-d'Honneur,
décoré de l'ordre de Saint-Ferdinand et de la Médaille de Sainte-Hélène.

> Encore a ces essais
> Souriez, je vous prie.
> Le rire a plus d'attraits
> Qu'un peu de flatterie.

LIMOGES
CHEZ LES PRINCIPAUX LIBRAIRES.

1863.

LA GERBE DU GLANEUR.

Limoges, typ. CHATRAS, rue Turgot, 6.

LA GERBE

DU GLANEUR

POÉSIES ÉROTIQUES

PAR

L'Auteur de MES LOISIRS, des CAUSERIES INTIMES, des NOUVEAUX
DÉLASSEMENTS et de LA RUCHE

LE COMTE F. DE BERMONDET DE CROMIÈRES

Colonel de gendarmerie en retraite, Chevalier de Saint-Louis, Officier de la Légion-d'Honneur,
décoré de l'ordre de Saint-Ferdinand et de la Médaille de Sainte-Hélène.

Encore à ces essais
Souriez, je vous prie ;
Le rire a plus d'attraits
Qu'un peu de flatterie.

LIMOGES
CHEZ LES PRINCIPAUX LIBRAIRES.
—
1863.

AVANT-PROPOS.

Le nouveau volume que M. le comte de Bermondet de Cromières se propose de publier sous le titre : *la Gerbe du Glaneur*, nous paraît tellement original et par la forme et par le fond, que, discuter sur la valeur de l'une ou de l'autre, nous semblerait puéril, avant d'avoir essayé de justifier ou au moins d'expliquer la pensée inspiratrice de l'ouvrage tout entier.

A prendre les choses d'un peu haut, l'art n'a pas de limites; et, quoi qu'en aient dit certains Aristarques chagrins, le poète, pour répéter la pensée d'un des princes de la littérature contemporaine, n'a à rendre compte ni des sujets qu'il a choisis, ni des couleurs dont il s'est servi, mais de la manière dont il a traité les uns et employé les autres. — C'est cette pensée si simple et pourtant si féconde que le grand-prêtre du romantisme en France traduisait naguères par cette autre : « Tous les sujets ont droit de cité en poésie ; » c'est cette pensée, disons-nous, qu'a si bien comprise l'auteur de ce recueil, et qu'il a si merveilleusement exploitée. Aussi, sans prendre garde aux saintes indignations de certains vieux puristes classiques qui ne comprenaient pas qu'on pût forcer la muse à suivre l'imagination dans d'autres voies que celles frayées par la routine ou par l'art, s'est-il bravement engagé dans des sentiers sur le sable desquels l'audacieux poète qui osera s'y aventurer ne trouvera, pour guider sa marche incertaine, ni l'empreinte du pas héroïque de la botte épique d'Homère, ni même celle de la sandale d'Aristophane.

Encore si l'auteur, pour obtenir aux sujets qu'il allait recueillir dans ces vulgaires sentiers leur entrée dans les salons de la littérature, avait jeté sur eux les diamants de la pensée ou les décorations du style, encore! encore!... Mais, non. M. de Cromières, — qui avait la fatuité de se croire poète, — n'a présenté aux rigides maîtres de cérémonies de la cour des Muses que « quelques petits vers sans grâce et sans harmonie, » au lieu de ces redoutables alexandrins dont chaque auteur intelligent se fait accompagner lorsqu'il se présente pour la première fois devant cette redoutable *puissance des impuissants* : la critique! qui veille, l'arme au bras, au seuil du temple de la gloire et de la célébrité.

De là, et on le comprendra sans peine, grand émoi, ou plutôt, grand scandale parmi ces régents de la mode littéraire, qui ne permettent à leur pensée de se produire au grand jour de l'impression que drapée dans les plis d'une phrase taillée dans le dernier goût, rayonnante de métaphores, fardée de brillantes couleurs, gonflée d'épithètes ambitieuses, étoilée d'images, parée, masquée de toutes les fleurs, de toutes les dorures et de tous les oripeaux de la rhétorique; grand émoi, disons-nous, parmi ces paladins du bon goût, lorsqu'ils ont vu l'idée de l'auteur se dessiner sous les formes parfois vulgaires de l'expression, n'ayant pour unique parure que juste ce qu'il lui fallait pour qu'elle ne parût pas à l'état de nature, comme dirait le candide Rabelais, qui n'aimait la vérité que quand elle était nue.

Du reste, cette indifférence absolue d'une part, ces insinuations perfides de l'autre, seuls fruits retirés par l'auteur de la publication de ses ouvrages, au lieu de quelques encouragements qu'il se croyait légitimement en droit d'espérer, ne nous ont pas étonné, car il n'a vraiment rien fait pour s'attirer les mercenaires bravos de la claque, ou pour se concilier les faveurs non moins intéressées de cette capricieuse idole qu'on appelle la critique.

Dédaignant de faire comme certains laquais du monde littéraire qui s'affublent de la livrée des Muses pour, en abritant sous elle leur nullité personnelle, obtenir au moins leur entrée dans leur antichambre, il n'a voulu du patronage de personne, et s'est résolument avancé sous les portiques sacrés, le front ceint d'une branche de faune à la place d'une couronne de roses, et tenant dans ses mains une vieille épée, au lieu de la lyre traditionnelle et des bandelettes, insignes consacrés des enfants d'Apollon.

Est-ce à dire pour cela, cependant, que l'auteur de *la Gerbe du Glaneur* n'a laissé les mâles harmonies d'Horace ou les voluptueux concerts d'Anacréon que pour voler aux mâles accents de Pindare? Non. Il aurait pu pourtant puiser de grandes et pathétiques inspirations dans les scènes si diverses de sa vie passée, où, du bord adolescent, il jouait avec le cœur; et où, plus tard devenu homme, il jouait avec le fer; mais il n'a pas voulu emprunter à la muse d'Ovide ou à la lyre d'Homère des accents d'amour ou de gloire pour faire un roman ou une épopée dont il aurait été le héros. Cherchant plutôt à plaire qu'à exciter autour de son nom le vain murmure de l'admiration, sa muse, tour à tour rieuse et badine, moqueuse et folâtre, s'est inspirée de sujets sur lesquels le dernier des rhétoriciens poètes rougirait de mettre quatre rimes :

> Hé donc ! un lycéen, disciple d'Apelle,
> Rimer des triolets pour plaire au populaire.

Et puis, quelle chute !

> Des hauteurs d'Homerus tomber dans Tabarin !

Ce courage de braver les préjugés de quelques ignorants ou le zèle aveugle de quelques fanatiques amants inintelligents de l'art, M. de Cromières l'a eu en inaugurant dans *Mes Loisirs* et en continuant dans *la Gerbe du Glaneur* un genre de poésie éminemment populaire; car jusqu'ici, nul poète de mérite n'avait essayé de mettre son génie au niveau de l'intelligence du peuple. Le langage poétique, tout hérissé de mots inconnus au vulgaire, était une sorte d'énigme dont les Œdipes de la littérature approfondissaient seuls le sens mystérieux. Et, en effet, comment le populaire, pour parler comme un vieux auteur, comment le *populaire* pouvait-il comprendre ce qui n'était pas du tout *populaire* ?

Que le vulgaire s'avise, en effet, d'aller rêver avec Ossian au milieu de ses brumes, dans la grotte de Fingal; soupirer et aimer avec Lamartine sous l'oranger, aux bords des flots bleus de Sorrente, ou penser avec Hugo dans les hautes régions de la pensée; que verra-t-il dans les brouillards de l'un, dans les vagues d'azur de l'autre, et que comprendra-t-il dans les vastes conceptions du dernier?

Rien, nous osons l'assurer, car l'ignorance empêchera

toujours les rayons du génie de parvenir jusqu'à lui.

Désormais, grâce à la généreuse initiative de M. de Cromières, — et c'est là le beau côté de ses œuvres, — le pauvre d'esprit et de savoir pourra, lui aussi, comprendre quelque chose à cette mystérieuse « langue des dieux, » et rire de bon cœur sans être obligé de consulter le dictionnaire ou d'interroger M. l'instituteur et, en cas d'incompétence, M. le curé, en lisant ces naïves histoires, ces malicieuses aventures où l'auteur, comme sans y prendre garde, a mis tant de fines railleries, de mordants sarcasmes, de piquants à-propos, de verbe intarissable, et où, quelquefois sous les apparences frivoles de la forme, se cachent de nobles et chevaleresques sentiments. Nous n'avons pu, en effet, sans être profondément ému, lire ces vers touchants où l'auteur, laissant pour un instant ces gais refrains ou ces joyeux propos de table, vient, royal courtisan du malheur, incliner respectueusement son front, ceint d'une couronne de cheveux blancs, devant une auguste infortune qui n'a plus pour insignes de sa triple royauté d'autrefois que la pourpre dérisoire, le sceptre de roseau et le diadème d'épines.

Et maintenant que nous avons essayé de donner une idée, bien incomplète sans doute, du but que se proposait M. de Cromières en écrivant, qu'il nous soit permis de répondre en quelques mots à un reproche qui lui a été souvent adressé devant nous.

Dans *Mes Loisirs*, comme dans *Les Causeries intimes*, avons-nous entendu dire, il y a certainement beaucoup d'esprit, et souvent nous avons ri aux larmes à la lecture de ces malicieuses histoires où l'auteur, prenant le masque et les manières bénignes d'un vieux bonhomme, fouaille, avec la verve de Perse et l'entrain de Juvenal, certains de ces travers, de ces niais et de ces ridicules, en face desquels le monde est d'autant plus disposé à fermer les yeux, qu'il est lui-même plus porté à les imiter.

Sans doute, ajoutait-on, il y a dans M. de Cromières de l'ironie, du sarcasme, du sel, et, quoiqu'il ne soit pas toujours attique, on ne peut nier que ses ouvrages ne soient pleins de spirituelles et fines railleries; mais malheureusement, l'expression dont le plus souvent il revêt sa pensée est incolore et vulgaire. A cela nous pourrions répondre : qu'importe, après tout, que le falerne soit bu dans le verre ou dans l'or? L'encens est-il plus parfumé dans le vermeil que dans l'airain? Mais nous aimons mieux répéter ce que nous avons déjà dit : M. de Cromières, trop modeste ou pas assez ambitieux pour viser au sublime, se rit des doctes applaudissements des enfants d'Academul; les bravos de Lindor ou le sourire approbateur de Lisette lui suffisent. Or, comment dérider et Lindor et Lisette s'ils ne comprennent pas ce qu'on leur dit?

Et puis, restât-il quelque chose de cette étrange accusation de trivialité, peut-on décemment en faire un crime à celui qui a écrit *la Gerbe du Glaneur*, quand on songe que, vieilli dans les camps, et plus habitué à entendre les jurements du canon ou les propos égrillards des soldats, que les harmonieux soupirs des brises du Pinde, ou les doucereuses paroles de nos précieux et de nos précieuses, son langage doit être nécessairement plus en harmonie avec le bruyant fracas des armes qu'avec le cliquetis sonore de la rhétorique de nos salons.   JULES D...

Par une amitié réciproque, nous ne saurions, sans regret, résister au plaisir d'intercaller à la suite de notre avant-propos la lettre spirituelle et les vers charmants dont nous honore M. Hector Berge, de Bordeaux. Nous n'y ajouterons d'autre appréciation que celle dont le lecteur érudit se fera du savant poète :

Bordeaux, le 10 avril 1863.

Monsieur,

Je suis encore sous la douce impression que la lecture de vos œuvres m'a causée. Vous maniez le vers avec beaucoup de facilité et de goût. Plus d'une fois, j'ai vu jaillir, dans plusieurs de vos compositions, des éclairs d'un talent réel, je dirais même de génie. Une mélancolie contenue, jointe à une délicate originalité, produit dans vos poésies un effet merveilleux.

Il me serait fort difficile, Monsieur, de faire un choix parmi tant de fleurs gracieuses et parfumées ; je craindrais franchement, en souriant à quelques-unes, de rendre les autres jalouses. Qu'il vous suffise de savoir que j'ai trouvé tout charmant, délicieux et digne de vous.

Je ne doute pas que votre 5me volume surpassera en fraîcheur et en beauté vos quatre premiers enfants.

Ci-inclus une pièce de vers que j'ai l'honneur de vous dédier.

En attendant, Monsieur, le plaisir de vous lire, j'ai l'honneur d'être votre très humble et très obéissant serviteur.

A. Hector BERGE.

A M. LE COMTE DE BERMONDET DE CROMIÈRES

APRÈS UNE LECTURE DE SES POÉSIES.

Tes livres sont quatre corbeilles
Pleines de perles et de fleurs !
L'œil est séduit par les couleurs
De tes roses fraîches, vermeilles.

Ta muse fait riche moisson
Quand le printemps met tout en fête :
Ces fleurs, ce sont tes vers, poëte,
Eclos sous un tiède rayon.

Chante, poëte, chante encore,
Tant que le lac rit au ciel bleu ;
Chante l'astre au disque de feu
Qui fait tout germer, tout éclore.

Chante Dieu, la gloire et l'amour ;
Chante la brise qui soupire,
Et que les cordes de ta lyre
Frémissent dès l'aube du jour.

Ton souffle divin me caresse,
En t'écoutant je suis heureux !
Je crois rêver sous d'autres cieux :
Tes accents sont pleins de jeunesse !

Il faut la rosée à la fleur ;
A l'ange il faut la poésie :

Ton vers est la douce ambroisie
Qui rafraîchit l'âme et le cœur.

Ah ! donne bientôt à mon âme
Des accords purs et gracieux ;
Ton prélude est mélodieux
Comme une douce voix de femme.

Le veau d'or n'est pas ton autel ;
Non, jamais ton bras ne l'encense.
L'idéal, voilà ton essence,
Rêve d'azur qui vient du ciel.

La poésie est une aumône
Que le trouvère fait au cœur ;
Quand l'homme sent trop sa douleur,
Il a besoin qu'on la lui donne.

Ah ! de ta plume fais pleuvoir
Cette douce et sainte rosée ;
Il faut à ma muse épuisée,
Comme à la fleur, un mot d'espoir.

A.-Hector BERGE.

9 avril 1863.

LA GERBE DU GLANEUR.

A MES LECTEURS.

Mes amis, la comparaison
Devient un charme de la vie,
Car souvent l'émulation,
Sans y songer, en est suivie.

Très réfléchi, le croirez-vous?
L'oiseau que j'aime, je l'imite;
Mais craintif, ses moments sont doux;
Sa liberté les facilite.

Voit-il arriver le printemps?
Il suit l'élan de la nature;
Sur la branche, à l'abri des temps,
Son nid est fait à l'aventure.

Comme lui, fuyant le tracas,
Libre dans mon simple ermitage,
Si l'amour ne m'éblouit pas,
Ma plume est là comme un ôtage.

Par ses petits, l'aimable oiseau
Se divertit, semble renaître;
Sous mes doigts simple chalumeau
Réjouit, ranime mon être.

Comme lui je me crois heureux;
Les champs lui donnent sa pâture;
Se trouvant libre, il est joyeux,
Car sa patrie est la nature.

Pour moi l'étude est un forum;
J'y trouve tout ce qui doit plaire;
Je croirais au palladium
Si l'on ne disait de me taire.

Mais l'indulgence est là toujours;
Comme appui je compte sur elle;
Au brave donnez libre cours :
Lecteurs, j'écrirai de plus belle.

Voyage d'agrément.

UNE CURIOSITÉ.

Le printemps est venu donner à la nature
Cet aspect si riant, cette fraîche verdure,
Cet éclat, dis-je enfin, qui porte aux yeux, au cœur
Cette admiration si bien due au Seigneur.
L'astre brillant du jour poursuivant sa carrière
Ne saurait nous cacher son ardente lumière.
Le ciel est azuré; de la saison d'hiver
Les nuages épais, ces vents encor d'hier
Ont fait place aux zéphyrs dont l'haleine embaumée,
Agréable à mes sens, rend mon âme charmée.
— Eh bien, ma chère Anna, cherchons à profiter
De ces heureux moments; on ne peut arrêter
La marche des saisons : celle-ci nous présente
Tout ce qui peut flatter; à demain plus d'attente.
La machine à vapeur, au signal indiqué,
Sans par trop y songer, nous aura débarqué
Dans les sites lointains que notre fantaisie
Aura pu désigner comme un besoin d'envie.
— En partant à l'instant nous pourrons admirer
Demain, de la Bretagne, à notre doux lever,
Un des départements, et, suivis par un guide,
En voir les alentours. Cette gente est avide:
Avec la pièce ronde on sait tout, on voit tout;
N'en est-il pas de même en d'autres lieux, partout?...
— J'avais donc bien raison, le soleil nous éclaire;
Nous sommes à Quimper, chef-lieu du Finistère.
Restons-y quelques jours, nous avons tout le temps
De visiter les quatre autres départements

Qui formaient autrefois cette province antique
Et dont les souvenis sanglants de politique
Glacent encor le cœur par d'horribles remords :
Rennes, Nantes surtout, où le nombre des morts
Par leur affreux supplice épouvantaient la vue.
A Vannes, Saint-Brieux, une foule éperdue
Errait dans les vallons, hélas! pour ne point voir
Ce dont des forcenés se faisaient un devoir :
Répandre un noble sang pour assouvir leur rage,
Chanter l'hymne de gloire au milieu du carnage!...
— Mais, que dis-je? Laissons ces affreux souvenirs,
Excitant à jamais de douloureux soupirs.
Allons voir en détail ces coteaux, ces vallées
Si riches en culture et surtout variées;
Ces restes émouvants de féodalité,
Ces châteaux dont les murs ont encore resté
Pour attrister le cœur, même de la bergère,
Voyant que son troupeau foule aux pieds une pierre
Vénérée autrefois et couverte aujourd'hui
D'une mousse verdâtre et n'offrant qu'un appui
A la plante sauvage, ou qu'un siége rustique.
— Ah! non loin de nous, vois ce superbe portique
Offrant aux yeux surpris cet agreste hameau;
L'art ne pourrait, je crois, offrir rien de plus beau.
Ces arbustes, ce lierre et ces fleurs variées,
Quel ensemble admirable, et seulement parées
Par les soins du hasard qui les a mises là
Et qui dit aux humains : contemple, me voilà!
— Vois-tu près de l'Oder tous ces pêcheurs avides;
Quelle animation dans leurs courses rapides!
Ces commerces pour eux sont des plus étendus
Et la célérité s'exige d'autant plus
Que le moindre retard devient un préjudice;
Etablit une perte, au lieu d'un bénéfice.
— Mais, nous avons assez contemplé tous ces lieux;

Au lever de l'aurore, allons à Saint-Brieux.
Tu seras satisfaite en voyant cette ville;
Partout ce territoire est brillant et fertile.
A deux pas est la mer; la voir sont tes désirs...
A ce pompeux aspect, tes regards, tes soupirs,
Chère Anna, te mettront, joyeuse, hors de toi-même;
Pour les sens ce tableau, je puis dire, est extrême :
Des vagues et le ciel, et de nombreux vaisseaux,
Balancés en tous sens par la fureur des flots;
Et des oiseaux nombreux dont les ailes blanchâtres
Frisent à chaque instant les vagues olivâtres;
Mais je veux te laisser à juger le tableau
Qui va s'offrir demain, si le soleil est beau.
Eh bien! comme cet astre est prêt à disparaître,
Que nous avons joui tout le jour d'un bien-être,
Allons le prolonger par un repas exquis,
Où le bon vin d'abord s'y trouvera requis.
Au dessert je pourrai, si je suis en goguette,
Pour plaire à tes désirs, chanter la chansonnette;
A table on n'est point vieux; on rit, surtout on boit;
Tout joyeux on se couche, et l'on dit : *ainsi soit*.

Anecdote historique.

New-York, 24 mai 1862.

En l'an soixante-et-un, une fille, on peut dire
    Surprenante par sa beauté,
Mise à Cincinnati dans le but de l'instruire,
    Quittait la pension avec cette gaîté
        Qui s'obtient par un grand mérite :
    Elle emportait les prix les plus brillants !...
Un général n'a pas, je crois, pareille suite,
Après une victoire aux succès éclatants,
Que Célestine Drake; elle était rayonnante,
Et cela se conçoit, puisqu'on disait : « Jamais
» Jeune élève n'avait eu de pareils succès,
» Dans un âge on peut dire où tout est en attente. »
Son père se trouvait fort bien favorisé
      Par cette inconstante déesse
      Que bien souvent le plus rusé
Ne saurait arrêter, tant sa course est diverse;
Mais il était resté veuf avec deux enfants,
    Dont un garçon et cette belle fille.
Le fils était déjà de ces sous-lieutenants
      Au savoir, à cet œil qui brille,
      Faisant espérer les succès.
— Célestine, la sœur, avant de voir son père,
S'arrêta chez un oncle; à son avance, exprès
Il s'était transporté; pour la voir et lui plaire
Etaient de ces besoins que sait dicter le cœur;
    Aussi fut-elle on ne peut mieux reçue.
Ignorante du monde, avec charme et bonheur
    Elle sourit à cette vue

Où tout est ravissant par l'éclat, la splendeur;
Mais, hélas! lorsque vient la dure expérience,
Ces premières leçons font tristement gémir,
  Apprenant que cette science
N'est que fashionable, et qu'elle fait frémir
 L'être qui peut la flatter comme idole.
  — A la suite d'un beau repas
Où l'oncle avait suivi notre moderne école,
  Soirée et bal, avec les apparats
   Que lui permettait sa fortune;
Le tout fut préparé pour plaire et faire voir
La nièce qu'il aimait, et montrer son savoir.
   L'admiration fut commune,
   Et la seule qui l'ignorait
   Etait la belle Célestine.
— Pour nous tous, ici-bas, le sage en conviendrait,
  Il est un sort qui nous destine
  Ou plus ou moins de peines, d'agréments
Dans le sombre trajet qu'on appelle la vie;
On en voit chaque jour des exemples frappants,
  Et cette soirée, embellie
Par l'élégant, le beau de la société,
Sans tarder en fournit un bien cruel exemple.
— Entraînée un moment par sa naïveté,
Fière, mais sans orgueil, qu'on la flatte et contemple,
Accueillit les propos aimables, doucereux
D'un beau gentleman dont le port, l'élégance,
  L'instruction attiraient tous les yeux.
Ce charme a son effet, toujours son importance,
  Surtout sur un cœur jeune encor!
Le silence, un sourire; en faut-il davantage,
  Hélas! pour donner un essor
A ce que l'on ne peut tenir en esclavage?...
— Ce jeune homme arrivait porteur de ces papiers
  Inspirant toute confiance;

2..

Car ses nombreux parents se trouvaient les premiers
   Dans le négoce avec la France.
— Philadelphie était sa ville de naissance.
Intime liaison entre eux deux s'établit
  A tel degré, que lorsque Célestine,
Pour aller chez son père, après huit jours, partit,
Waren, c'était son nom, eut ce que l'on destine
  A l'âge mûr, exempt de passion :
L'agréable faveur de lui servir d'escorte.
Dans ces lointains pays, moins d'observation
Que le chapitre mœurs, en France, le comporte.
  Après avoir rempli sa mission,
    Remis Célestine à son père,
    Dans un hôtel de Cléveland
  Il s'installa comme un seigneur puissant;
    Il en avait le nécessaire,
    Et, grâce à la simplicité
  Qu'offrent les mœurs dans ces lointains parages,
Il put continuer avec facilité,
    Même avec bien doux avantages,
    Ayant l'accès de la maison,
Son roman amoureux, ébauché de la veille :
  Le tout allait selon sa passion.
— Au bout d'un mois, ayant reçu bonne nouvelle
    Concernant divers intérêts
    Qu'il avait à Philadelphie,
Il dut y retourner, laissant cruels regrets
    Dans le jeune cœur d'une amie.
    Huit jours n'auraient pu s'écouler
Sans qu'un écrit brûlant ne fût mis à la poste.
Des deux côtés, l'amour savait les stimuler;
Célestine et Waren s'aimaient de telle sorte
  Que, seul, l'hymen devait combler leurs vœux.
— Après des mois passés, longs pour des amoureux,
  Waren revint, et, dès son arrivée,

Sollicita la main de l'objet adoré.
Il avait de vers lui la chose désirée :
Des titres, des contrats montrant comme assuré
Qu'il était possesseur d'une belle fortune.
— Monsieur Drake ne fit nulle observation ;
      Il en était toutefois une,
En ce cas, délicat : « Je ne puis dire *non*;
» Mais je veux consulter ma chère Célestine
» Pour savoir si le *oui* partira de son cœur;
» Veut-elle, ou non, l'époux que le sort lui destine?
» Tel est mon seul désir, car je veux son bonheur. »
— Point de refus : l'accord était chose promise!...
Pour les préparatifs, nécessaires toujours,
On pensa qu'il fallait que la noce fût mise,
A dater du moment, au moins à trente jours.
    — Le fiancé, dans ce long intervalle,
      Ayant fait part au beau-père futur
        Qu'une circonstance fatale
Dont le coup imprévu lui deviendrait bien dur,
Priverait tous les siens d'être à son mariage.
— Après réflexion, monsieur Drake conçut
De bien graves soupçons; homme prudent et sage,
Il garda le silence, et l'on ne s'aperçut
D'un moindre changement dans sa vie ordinaire.
Pourtant il ne pouvait point demeurer ainsi :
    « J'ai besoin d'aller voir mon frère,
» Dit-il à Célestine, et, de Cincinnati,
» J'irai, c'est un devoir, jusqu'à Philadelphie,
    » Ayant un compte à terminer
» Avec un créancier duquel je me méfie;
» La crainte, alors, finit par me déterminer
» A faire ce voyage; il est indispensable. »
Ainsi dit monsieur Drake, et sur-le-champ partit.
— D'une manière sûre, aussitôt il apprit
Que Waren, ce jeune homme au physique agréable,

Se disant fortuné, n'était qu'un misérable,
Et, comme escroc, chassé d'une riche maison.
On ne put prononcer sa condamnation :
Une légale erreur ayant été commise
    Dans l'acte d'accusation,
    Sa liberté lui fut remise.
— Monsieur Drake partit sans perdre un seul instant,
Et de retour chez lui, par missive pressée,
    Fit venir le futur, voulant
Donner un libre cours à son âme oppressée.
L'ayant pris à l'écart, il lui dit sèchement
    Ce qu'il venait d'apprendre sur son compte.
    — Aucune dénégation
Ne put se proférer; un sentiment de honte
Toutefois se fit jour aux mots : « *Que ma maison*
    » *Vous soit à jamais interdite!...* »
— Après un entretien très vif, mais mesuré,
    En ce sens qu'il n'eut que la suite
    D'un départ en rien différé,
Un billet fut laissé qu'il pria de remettre;
Le monstre finissait de se faire connaître :

    A Mademoiselle Célestine Drake.

« Vos charmes me plaisaient, je dois vous l'avouer ;
» A cette vérité, j'en ajoute encore une :
» Oh! oui, je voulais bien avec vous me lier ;
» Mais ce qui me flattait, c'était votre fortune. »

— Ce cruel coup porté sans nul ménagement,
Ne pouvant point s'attendre à telle effronterie,
Foudroya Célestine, étant dans un moment
Où forte impression est nuisible à la vie;
Aussi, pendant un mois, on n'osait espérer
Qu'elle pourrait guérir de cette horrible atteinte.
On prévoyait un mieux; le mal vint se montrer
    Au siége inspirant plus de crainte :
    Au cerveau!... Lente guérison,

Incurable parfois, d'après savante école,
En ce cas malheureux elle trouva raison :
Célestine chérie en huit jours devint folle !...
— Cette affreuse nouvelle annoncée aussitôt
A son frère, servant alors en Virginie,
Avec tous les détails de l'horrible complot,
Fut comme un coup de foudre en son âme attendrie.
      Obtenant un congé d'un mois,
Il se mit avec rage, ayant le droit de frère,
Ce sentiment si vif reconnu par les lois,
      A la recherche nécessaire
   D'un assassin méprisable à jamais.
   — Un jour, après des courses inouïes,
  Les résultats comblèrent ses souhaits ;
Ses prières, enfin, se virent accomplies :
Waren, dans sa terreur, s'était réfugié
Non loin de Saint-Louis, dans un gîte où le crime
    Trouve un cachet, ah ! privilégié :
D'exploiter hardiment le vice qui l'anime.
     En présence du scélérat
Qu'il désirait voir, son cœur bondit de joie ;
     Avec adresse il s'assura
Qu'il était bien Waren, que c'était bien sa proie.
Après un entretien très court, mais violent,
   Le jeune Drake, armé de son épée,
    L'étendit à ses pieds mourant :
    Sa fin fut presque instantanée.
— L'instruction ne dura que deux jours ;
Le meurtre ayant été connu justifiable,
La justice n'ayant besoin d'aucun recours,
Drake eut sa liberté, déclaré non coupable,
Avec ordre d'aller joindre son régiment.
— A peine il arrivait, qu'une nouvelle affreuse
Vint jeter dans son cœur un horrible tourment :
Sa sœur n'existait plus !... Soudain, la malheureuse,

Seule un matin en son appartement,
Par sa fenêtre, hélas ! s'était jetée !...
Célestine si belle était en son printemps ;
C'était, dis-je, une rose à jamais regrettée :
Elle n'avait que dix-neuf ans !...

FINALE.

Une coïncidence, au moins bien singulière,
S'accomplissait le jour de cet événement :
Le suicide avait lieu dans le même moment
Que le monstre quittait le séjour de la terre.

Mercure & le Bûcheron.

FABLE

L'odieuse paresse a toujours une excuse ;
    Chercher à la faire valoir
Fut et sera sans cesse une coupable ruse
    Qui finit par se faire voir.

Dans la classe élevée, et surtout la commune,
S'amuser, ne rien faire, avec art rebuter
Ce que le travail seul, agent de la fortune,
Non sans peine, parfois, veut bien nous présenter,
Fut et sera sans doute une éternelle plaie
    Contraire à la société.
    Aussi le sage a souvent répété,
Surtout avec douleur, et la maxime est vraie ;
Que la sombre paresse est flattée en tous lieux.
Eh ! qu'en résulte-t-il ? Mille faits odieux,

Le dégoût de la vie, une affreuse misère,
Et le crime, plus tard, qui brise une carrière;
Mais l'exemple n'est rien : le vice a sa vertu !...
— Un certain bucheron, ayant fort peu d'aisance,
Au lieu de travailler, se trouvait abattu
Par un mal bien cruel : celui de l'indolence.
Les besoins étaient là; pouvoir y subvenir
    Comme l'exige la nature,
Etait cruel pour lui. « C'est par trop me punir,
» Se disait-il souvent, qu'il faille que j'endure
    » Les cruelles rigueurs du temps
    » Pour obtenir ma nourriture;
» Eh! pourtant, je connais maintes et maintes gens
    » Qui sont heureux à ne rien faire :
    » Pourquoi ne pas les imiter?
» Enfin, si le travail est un mal nécessaire,
» Je n'ai point les outils, ne puis les acheter;
    » Je ne saurais alors être coupable
    » De rester dans l'oisiveté. »
— Au bord d'une forêt au séjour agréable
Par l'ombrage des bois, une tranquillité
Qui prêtait au sommeil donnait à la paresse
    Le charme de la volupté;
Ainsi Thomas disait, dans sa molle simplesse,
    Lorsque soudain apparut à ses yeux
    Le Dieu puissant de l'éloquence,
    Mercure, messager des dieux !...
« Malheureux bûcheron! bénis ma prévoyance,
    » Dit-il; te voilà des outils.
» Cette forêt est vierge; avec intelligence,
    Dès ce jour fais-en tes profits. »
    Et, comme une ombre agréable et légère,
    Disparut ce dieu bienfaisant.
— Thomas fut ébahi. La hache meurtrière
    A l'essai fut mise à l'instant;

Mais au bout de huit jours, en un coin reléguée,
La rouille la mangea, ne fut plus fatiguée.
— Odieuse paresse, ah! ton pouvoir est grand;
Mais où peut-il conduire? A l'avilissement.

Félix & Lucile.

ANECDOTE.

> Il est une science :
> Celle de tout prévoir ;
> Alors la méfiance
> Devient un grand devoir.

Un jeune homme, Félix, d'une bonne famille,
Pour principes ayant cette dévotion
Bien rare de nos jours, mais par laquelle on brille,
    Pour terminer son éducation
Se trouvait résidant à Paris la grand'ville.
La retenue était son principal devoir;

Cependant, un beau jour, mais l'âme fort tranquille,
Par curiosité, voulut aller s'asseoir
Dans un de ces endroits voués à la paresse,
A ces plaisirs mondains, où la folle jeunesse
Apprend à ses dépens que la vie ici-bas
Est un dédale affreux, et que certaines roses,
Qu'un bizarre destin présente comme ébats,
Sont des piéges cruels offrant de tristes choses :
Dégoûts, regrets cuisants, la honte et les remords!...
— Danser, boire, chanter, et des scènes burlesques,
Le tout avec fracas et singuliers accords;
Petits salons riants, avec des arabesques
      Prouvant que la moralité
Ne pourrait décemment y trouver une place,
Y fascinaient les yeux, si la légèreté
Avait pu s'affubler le masque de l'audace.
Enfin, notre jeune homme était comme exalté,
Lorsque, se promenant, il se voit face à face
Avec une élégante, une de ces miroirs
Qui se font regarder avec sorte d'envie,
    Car la beauté possède des pouvoirs
      Qui font parfois le charme de la vie.
Son nom était Lucile; à la taille, au maintien,
    Aux traits charmants, au gracieux langage,
      Elle ne ressemblait en rien
      A ces filles de bas étage
      Fréquentant ces sortes d'endroits;
      Sa tenue était si décente!
      Et réunissant à la fois
Une voix douce et grave, enfin ce qui se vante.
— Emu par tant d'attraits, Félix fut attiré
Près de cette personne ayant tout pour séduire.
Réservé, délicat, d'un pas mal assuré,
Il allait et venait sans oser pouvoir dire
    Ce que son cœur lui commandait :

Si souvent va la cruche à l'eau qu'elle se casse.
Enfin il lui fit part, d'une voix tremblotante,
   Des sentiments qu'il éprouvait,
Et qu'il serait heureux de l'avoir comme amante.
« Vous êtes dans l'erreur, lui dit-elle aussitôt;
» Je ne puis, toutefois, vous en faire une plainte;
   » Je me présente ici plutôt
» Comme distraction, mêlée un peu de crainte,
  » Que par l'amour d'un soi-disant plaisir.
» Comme un pressant devoir je me suis imposée
» La douce mission d'accomplir le désir,
» Par conseils, d'être utile et plus tard vénérée
» Par la jeunesse encline à la perdition.
» Déjà j'ai réussi, mais non sans de la peine,
   » A ramener à la raison
» Maints jeunes gens poussés par une passion
» Qui, pour eux, devenait une cruelle chaîne.
» Eh bien! si vous voulez accepter mes conseils,
  » *Mais rien de plus*, je serai votre amie;
» Pour cet art bienfaisant, je n'ai point d'appareils;
» Je n'aspire qu'au vœu d'être votre égérie. »
— Le trop simple jeune homme, avec empressement,
   Accueillit ce dire facile;
Dès lors, maints rendez-vous, suivis exactement,
Furent donnés n'importe, et même au domicile.
Les jours passés avec son bel ange gardien
S'écoulaient avec joie, avec joie on peut dire;
Sous un masque pourtant, celui d'un entretien
Dont la dévotion, parfois, prête à médire.
Chaque fois que Lucile, à l'œil fort clairvoyant,
Voyait entre les mains de son trop simple élève
De l'or ou des valeurs, lui disait : « Mon enfant,
» Ce qui commence bien, ainsi toujours s'achève;
» Vous avez sous les yeux une tentation
» Qu'il vous faut écarter, qui deviendrait nuisible

» A la sublime, à la dévotion
» Sans laquelle la paix du cœur n'est pas possible;
» En dépôt donnez-moi ces frivoles valeurs;
» Si d'honnêtes besoins vous montraient des rigueurs,
» Votre amie est donc là pour toujours vous complaire;
» Cette décision vous sera salutaire. »
— Félix acceptait tout comme une vérité;
Mais il faut dire aussi : le malin dieu de Gnide
Avait fait dans son cœur certaine empiété
Qui le rendait croyant. Alors, c'était son guide;
Beaucoup d'or, des bijoux ayant de la valeur
   Etaient donnés à chaque vue,
 Confiés, dis-je, avec gaîté de cœur,
La crainte n'étant point une chose prévue;
Mais le soupçon, parfois, vient dessiller les yeux :
Cruelle vérité se montre toute nue.
— Lucile, ne pouvant espérer rien de mieux,
Fit comme tant de fois : brûla la politesse.
Deux jours, trois jours passés, le pauvre étudiant
   Vit qu'il était dupe de sa faiblesse;
   Que l'ange gardien, soi-disant,
   N'était qu'une odieuse mouche
Donnant naissance au vice en le favorisant,
   Infectant tout ce qu'elle touche.
— Après quelques soupirs, car le cœur était pris,
   Félix se dit : « Ce serait duperie
» Si je me contentais d'un souverain mépris;
» Chez Lucile je vois le vol, la fourberie;
» Je suis assez puni de ma légèreté
   » Et de mon inexpérience.
» Mais cette fille doit l'être de son côté;
» Son action n'a point l'acte de violence,
   » Mais son crime en est odieux
» Par l'emploi qu'elle a fait de cet art dangereux :
» D'un langage donnant droit à la confiance.

» Je vais la dénoncer, et, comme nos aïeux,
» Je pourrai dire : il est une science,
» Celle de tout prévoir ;
» Alors la méfiance
» Devient un grand devoir. »

DÉNOUEMENT DE L'ANECDOTE DE FÉLIX & LUCILE.

Félix, le jeune étudiant,
Victime de l'adroite et trompeuse Lucile,
L'avait donc dénoncée ; il en était tremblant ;
Mais son cœur se trouvait devenu le mobile
De l'action qu'il commettait.
« Sur un mouvant théâtre où le sort me mettait,
» Encor privé de la vive lumière
» Qui s'obtient avec l'âge, il a fallu faillir.
» Par la réflexion, j'ai vu le nécessaire :
» Une plainte pouvant seule faire jaillir
» La vérité, ce qu'un chacun désire,
» Et j'apprends que j'étais alors bien inspiré.
» Recherchée à Paris, il lui fallait détruire
» Un séjour qui n'était nullement ignoré ;
» A Bordeaux elle s'était retirée,
» Espérant y jouir soit de sa liberté,
» Ou, par le mal encor se trouvant inspirée,
» Continuer son rôle avec impunité.
» Elle aurait réussi, peut-être ;
» Mais, sans doute, croyant pouvoir reconquérir
» Auprès de moi cette force d'un maître,
» Revenir à Paris où je pourrais couvrir
» Son infâme conduite, elle avait une intrigue
» Où l'amour s'y montrait en toute nudité,
» Et qui, tôt ou tard, vous prodigue

» Des plans ou des détours, dont la vive clarté
  » Finit par devenir nuisible.
» Elle eut donc la pensée, et dont le résultat
  » En ce moment lui doit être sensible,
» De m'écrire une lettre en termes très touchants,
» Surtout me suppliant une prompte réponse,
» Avec suscription pour tromper les méchants :
» *Bordeaux*, *poste restante*, ayant aigri mes sens.
» Il est des actions auxquelles on renonce
» D'accorder la faveur qui peut les pallier,
» Et voulant encor moins de nouveau me lier,
» Sa lettre fut par moi remise au commissaire.
» Sous peu de jours, Lucile était sous les verroux
» Et conduite à Paris par extraordinaire,
» Où sa coupable vie, en termes fort peu doux,
» A sa honte, bientôt, lui sera présentée. »

CONCLUSION.

Il n'est point d'action qui ne soit commentée;
  Bonne ou mauvaise on lui donne un cachet
Par l'inspiration de celui qui l'émet.
  La vérité, ce flambeau nécessaire
Est-il toujours brillant? Je crois qu'on dira non.
  Sur cette pitoyable terre,
  L'amour-propre, la passion
Font agir les humains, et point d'inquiétude
Sur le sort à venir de la solution.
Félix était encor sur les bancs de l'étude;
La curiosité, ce besoin excitant,
De la distraction nécessaire au jeune âge,
En lui tout commandait un vif délassement.
Par inexpérience on fait souvent naufrage;
Félix l'a vu trop tard! toutefois sa raison

Hardiment s'est montrée, et ce puissant exemple
    Pour l'avenir servira de leçon !...
— Ce qui flatte les yeux, un moment se contemple ;
Mais, pour agir, songez à la réflexion !...

Sainte Anne.

(1862.)

Suis-je au ciel ou bien sur la terre ?
Une sainte s'offre à mes yeux ;
Chacun lui fait une prière ;
Plus qu'elle rien n'est gracieux.
« Par vous, dès longtemps vénérée,
» J'en conserve doux souvenir ;
» Protection est assurée
» A celles qu'on a fait bénir
» Sous mon bienveillant patronage. »
Chère Anne, toi que je chéris,
Sois confiante en ce langage ;
Pour toi, les plaisirs et les ris,
Dans le chemin que tu dois faire,
Sous tes pas s'offriront toujours ;
Cet espoir doit te satisfaire,
Donnant un charme à nos amours.

Les Conseils du Renard.

FABLE.

Les animaux, comme les gens,
Ont leur orgueil, qui se présente
On peut dire comme le temps,
Et, comme la classe savante,
Prêchent et donnent des leçons,
Mais peu disposés à les suivre :
Acceptez ce que nous faisons,
Ce principe est le savoir-vivre.
— Un renard très rusé, son âge le prouvait,
Voulut à ses petits faire un jour la morale.
Assemblés près de lui comme il le désirait,
Tel qu'un prédicateur aussitôt il s'installe
Et leur dit : « Mes enfants, ah! ne m'imitez pas;
» Je l'apprends, mais trop tard, ma vie est sanguinaire !
» Voyez, voyez! partout d'innombrables trépas :
» Coqs, poules et dindons, tout une volière
    » Sacrifiée à ma voracité!
    » Mais entendez la foule caquetante
» Qui m'obsède par un reproche mérité;
    » Mon âme en est toute haletante. »
        — A ces mots, les jeunes renards,
Sentant que leur appétit se réveille,
Interrompent leur père : « Ah! mais, à nos regards,
    » Rien ne pourrait assourdir votre oreille;
» Point de poules, de coqs, encor moins de dindons;
» Rien ne s'offre à nos yeux, et la faim nous dévore.
» Vos craintes et ces cris sont des illusions;
» Pour nous, ces abattis devraient durer encore !

» — Que dites-vous, misérables gloutons !
» Refrénez, mes enfants, ce goût pour le pillage ;
» Par cette passion, point de bonheur pour vous,
» Point de tranquillité : partout, dans le village,
» Les chasseurs aux aguets, ou la mort ou des coups,
» Et, comme les vauriens, serez sans cesse en transe !
» Avec l'honnêteté, ce précieux levier,
» Notre race pourra reconquérir, je pense,
» La réputation qu'elle doit envier,
   » Depuis longtemps étant perdue.
» — Le conseil est très bon, mais le suivre est bien fort,
» Dirent tous les petits ; notre vie est ardue ;
» En ce point, avec vous nous sommes bien d'accord ;
   » Mais notre race est condamnée :
   » En nous la rapine est innée.
» Pourrait-on nous donner la douceur des agneaux ?
» On ne saurait le croire ; une guerre acharnée
» Sans cesse détruirait le charme du repos ;
» En nous est un devoir : celui de l'existence ;
» Père, dites-le-nous, qui voudrait s'en charger ?...
» L'homme par le travail, par son intelligence,
   » Affrontant même le danger,
   » Voit s'écouler paisiblement la vie.
   » En nous peut-on trouver un beau côté ?
» De fournir notre peau que le commerce envie ;
   » Eh ! combien a-t-elle coûté ?...
» Nous avons, dites-vous, mauvaise renommée ;
» En notre espèce, rien ne peut la rétablir.
» — Je vous dis, mes enfants, qu'on peut ne pas faiblir ;
» Par hasard, une faute est-elle consommée ?
   » On cherche à la faire oublier.
   » Mais chut, j'entends une poule qui glousse ;
» Courons, en nous cachant derrière ce pailler ;
» A la mère, aux petits une vive secousse
» Pourra nous procurer un excellent repas. »

MORALE.

Les conseils sont toujours une vertu première;
    Mais, dans ce siècle, on ne l'approuve pas,
Devant y joindre encor la chose nécessaire :
    L'exemple, sublime devoir!...
    Maître renard, sans doute, par boutade,
        Ou bien pour se faire valoir,
Prêchait, grondait, voulait que la moindre écartade
Fût mise de côté désormais par les siens,
Et, séance tenante, il fait de la rapine
Un besoin d'habitude et qui flatte ses sens!...
Combien de nous, hélas! même à fort bonne mine,
Font comme le renard : des conseils, en voilà;
Vient une occasion, le naturel est là.

Couplets.

L'anecdote a le droit de plaire
Si le cœur y trouve sa part;
L'émotion est nécessaire,
Etant présentée avec art.
Jeune Cloris, aimable et sage,
A dit *le oui* dans ce moment
Où tout flatte et sourit à l'âge,
Où l'amour parle en conquérant.

La veille est toute gracieuse,
Le lendemain pas assez long.
Cloris disait : « Je suis heureuse;
» Oh! oui, pour moi, le ciel est bon;

» Mon Lucas est aimable et tendre ;
» Non, non, rien à lui reprocher ;
» En sentiments je dois lui rendre
» Tout ce qu'il fait pour me toucher. »

En joie était la jeune épouse,
Ah ! son cœur s'épanouissait ;
Mais au printemps verte pelouse,
En automne elle disparaît.
Bientôt noire saison arrive,
Couvrant de deuil tout ici-bas ;
Cloris, à cette perspective,
Commençait à gémir tout bas.

Lucas, comme dame nature,
Montrait sensible changement ;
Mais disait : « Cloris, rien ne dure :
» Serait-ce un motif de tourment ?
» Vois ce ruisseau dans la vallée,
» Il est arrêté dans son cours ;
» Les doux chants de la troupe ailée
» Sont muets dans ces alentours.

» D'ici-bas c'est la loi suprême :
» A Cupidon, qui m'exaltait,
» A succédé l'hymen que j'aime.
» L'amitié, qui ne le dirait ?
» Du bonheur nous offre l'image ;
» Acceptons ce doux sentiment
» Et répétons avec le sage :
» On sourit même au changement. »

Charmes de la Solitude.

UNE VISION DANS UNE PROMENADE.

Le plaisir est bien doux quand on peut l'éprouver,
Eloigné plus ou moins des fracas de ce monde,
Où l'homme vertueux ne saurait que trouver
Ce qui parfois le blesse : une honteuse faconde,
Une ombre de plaisirs qui laissent après eux
      Des regrets, une inquiétude
      Qui ne sauraient le rendre heureux.
Est bien sage celui qui, dans la solitude,
Cherche à couler ses jours, à faire son chemin,
Car la vie en est un, sans être tributaire
D'une société qui montre le dédain
Si l'on n'accepte pas ce qui paraît lui plaire.
Cette douce maxime a fait battre mon cœur,
Et la tranquillité, charme de l'existence,
      Me fait dire que le bonheur
      N'apparaît qu'au sein du silence.
      — Comme cela m'arrive tous les jours,
      Dès que la matinale-aurore
M'annonce que Phébus va commencer son cours,
      Que j'entrevois le ciel qui se colore,
Je dirige mes pas vers les coteaux riants
      Qui bordent mon humble ermitage.
      Déjà, de tous côtés, les chants
      Des nombreux bergers du village,
Les filles, par leur joie, excitant à l'amour;
      Ces blancs troupeaux bêlant sans cesse,
Par les chiens protecteurs ramenés tour à tour
Près des bergers avec empressement, adresse,

Ah! ce délicieux commencement du jour
    Me fait sourire, me transporte,
Et je me dis : je suis donc jeune encor;
    Mon cœur se croit content, n'importe
    Quels seront les arrêts du sort.
    Mes yeux, mon oreille attentive
    Aux ébats, aux aimables sens
D'une romance et touchante et plaintive,
    M'en rappelle les doux accents.

ROMANCE.

Hélas! elle était jeune et belle :
Dix-sept printemps et bien des ris
Avaient mis constamment sur elle
Leurs attraits, leurs brillants produits.
Fraîche comme la belle rose,
Son teint en avait tout l'éclat;
Sous une pierre elle repose :
Hélas! y penser, le cœur bat!...

Victor, le berger du village,
Près d'Aline gardait son troupeau;
La voyant si douce et si sage,
En elle tout était si beau,
Qu'à l'amitié bien vive flamme
Se produisit incontinent;
L'amour fit soupirer leur âme :
Il ne fallait plus qu'un serment.

Le *oui* ne se fit pas attendre,
Et, par des liens les plus doux,
Tous deux ayant su se comprendre,
Allaient se chérir comme époux;

Mais il est une destinée
Plus forte que la volonté ;
Par elle la vie est bornée :
Les pleurs remplacent la gaîté.

Comme la fleur qui vient de naître,
Aline, qu'un chacun aimait,
Parmi nous n'a fait que paraître ;
Nous la pleurons : elle charmait.
Chaque jour, sur la froide pierre
Qui couvre celle qui n'est plus,
Damis vient faire une prière,
Mais ses regrets sont superflus.

— Encore j'écoutais !... la romance finie,
Les échos d'alentour portaient de loin en loin
Ces mots : *elle n'est plus; Aline était chérie!*...
Bergères et bergers éprouvaient le besoin
  De laisser échapper les larmes
  Qu'inspiraient de si vifs regrets ;
  Moi-même, ému par tant de charmes,
Douloureux souvenir ne s'effaçant jamais,
 Je poursuivis, selon mon habitude,
  Ma promenade, tout pensif
D'avoir, sans y penser, été témoin actif
De ces pleurs qu'exhalait touchante inquiétude.
— Arrivé dans un bois où, presque chaque jour,
J'aime à me reposer, tant il est agréable,
  Près d'un chêne au vaste contour,
Où non loin s'écoulait, de cascade en cascade,
  L'onde d'un modeste ruisseau,
  Je crus devoir faire une halte ;
Mon cœur avait souffert; le soleil était haut,
  Sa puissante chaleur exalte :
Un moment de repos devenait un besoin.

Je m'assoupis. Les troupeaux, les bergères;
De tous côtés vigilant soin;
Les agneaux en bêlant courant après leurs mères,
Tout s'offrait à mes sens en douce vision.
Devant moi je voyais Paris la merveilleuse;
Non loin, sur un vert mamelon,
S'offrait assise une jeune fileuse :
Sa quenouille au côté, son fuseau dans la main,
Ses yeux fixés vers la voûte éthérée,
Un collier, une croix reposant sur son sein,
Son blanc troupeau, la voyant inspirée,
S'abstenait de brouter. Cet émouvant tableau
Faisant battre mon cœur, instinctivement donne
Le désir de sonder ce que l'on trouve beau;
Alors, en la fixant, je vis une couronne
Au-dessus de sa tête et descendant des cieux!...
— Soudain je m'éveillai : plus rien devant mes yeux!...
Inquiet, je cherchais cette tête angélique;
Mais, hélas! tout devint pour moi mélancolique!...
J'étais tout seul, recherchant toutefois
D'où cette vision avait pu m'apparaître.
Il me revint alors que j'avais plusieurs fois
Vu, par le pinceau d'un grand maître,
Un tableau des plus précieux
Représentant une sainte bergère;
Autour d'elle un troupeau; modestement ses yeux
Fixés vers le Dieu saint dispensant la lumière.
Geneviève la sainte était l'inscription,
Patronne de Paris, encore on la vénère.
Je ne fus plus surpris de cette vision
Si gracieuse, elle avait su me plaire.
— Les troupeaux n'étaient plus épars sur les coteaux;
Les oiseaux, abrités sous les épais feuillages,
Faisaient répéter aux échos
Leurs cris, leurs émouvants ramages.

Phébus sur moi dardait ses feux ;
Tout me disait : la ménagère,
Tient le déjeuner prêt ; eh, bien ! quittons ces lieux ;
Un retard prolongé ne saurait jamais plaire.
  L'inquiétude est là
  Qui fatigue sans cesse ;
  A l'heure me voilà :
  C'est bien, c'est de l'adresse,
  Surtout chez un gourmet.
  Réchauffer un service,
  Ote le goût et met
  L'amateur au supplice.
Le repas achevé, j'ai repris mon crayon.
Pour relater l'effet d'aimable promenade,
  Et répéter le vieux dit-on :
Être maître chez soi vaut mieux qu'une ambassade.

Bluette morale.

Si les plantes, les fleurs ont besoin d'un appui ;
Si le faible arbrisseau, décorant un parterre,
  Ne rencontre rien près de lui
  Pour soutenir sa croissance première ;

Hélas ! selon leurs principaux besoins,
Si tous ces produits de la terre
Etaient longtemps, toujours privés des soins
Soit du ciel ou de l'homme, il arriverait, je pense,
Qu'après avoir souffert, tous périraient.
—L'homme, et surtout l'enfant, dès sa plus tendre enfance,
On ne sait ce qu'ils deviendraient
Si l'âge, la raison ne venaient à leur aide.
Aussi le sage a dit : Ou plus tôt ou plus tard,
Toute chose, un chacun, dans ce bas monde, plaide
Pour amoindrir les coups du destin, du hasard.
Quant à l'espèce humaine, il n'est qu'une manière
Pour connaître, jouir de la tranquillité,
De cette joie utile sur la terre :
Avoir de la moralité,
De la religion, le strict nécessaire.

Le Monde est un Théâtre.

On veut savoir ce qu'est le monde,
Cette surface à parcourir,
Selon que la santé, plus ou moins, nous seconde.
Je répondrai, ne pensant encourir
Ni démenti ni blâme : Eh bien! c'est un théâtre
Où plantes, animaux, ce qui respire enfin,
Viennent s'y faire voir : l'odieux simulacre
D'y paraître parfait est un rôle sans fin.
— Sujettes de dame nature,
Les plantes ne sauraient rechercher des apprêts;
Mais combien d'animaux montrent dans leur allure
L'instinct qui ne trompe jamais,
Pour améliorer leur sort ou plus ou moins contraire?...
— Chez l'homme, à partir de l'enfant,
Il en est bien de même : il caresse sa mère;
L'image et le bonbon, curieux et gourmand,
L'apaisent, le rendent docile;
Plus tard, rechercher les plaisirs
Absorbe ses moments, assoupit ses désirs.
Le travail devenant agréable et facile,
L'amour-propre, le goût l'excitent; les progrès
Lui donnent un renom; il entre sur la scène :
On applaudit à ses succès;
S'il voit une couronne, il se dit : c'est la mienne.
— Mais si le nombre est grand de ceux qu'on voit briller,
Ah! combien en est-il, voués à la paresse,
Familiarisés à suivre le sentier
Qui mène au déshonneur, à l'horrible bassesse;
Qui même sous un masque, à la société,
Offrent, sans en rougir, leur immoralité!...

— Quel ignoble spectacle ! Eh bien ! tel est le monde :
Jouissances, grandeurs, paresse et fausseté;
Et tout est bien, dit-on... On se moque à la ronde
De ce que l'on veut dire être le genre humain.
Pauvre docteur Pangloss, il est comme certain
Que vous fermiez les yeux, ajoutons les oreilles,
Sur ce qui se faisait, se disait ici-bas,
Pour avoir proclamé des faussetés pareilles;
Mais vous, comme plusieurs de ces fiers potentats,
Vous avez dit : Louons, c'est le moyen de plaire;
Si le mal régit tout, il faut rire et se taire.

Bluette légère.

Charmante Emma, je dois bénir l'Être suprême;
    Il m'a formé pour t'adorer,
M'a donné les moyens de t'exprimer moi-même
    Qu'en toi tout se fait admirer.

Mes pieds sont toujours prêts pour aller sur l'herbette
    Où tu gardes tes blancs moutons;
Avec toi, répéter aimable chansonnette
    Ayant pour refrain : *nous aimons !*

Mes mains, lorsque je dois, par besoin, par décence,
 Hélas! me séparer de toi,
Recherchent le papier où douce confidence
 S'y transcrit, le cœur en émoi.

En te la transmettant, seraient-elles tremblantes?
 Mes bras sont là pour te presser,
Ma bouche pour cueillir sur tes lèvres brûlantes
 Ce que tu n'oses prononcer.

Mes oreilles, mes yeux me secondent sans cesse;
 Ton silence leur est compris :
Tout en toi se devine, inspire la tendresse
 Dont pour toi mon cœur est épris.

Charmante Emma, je dois bénir l'Être suprême ;
 Il m'a formé pour t'adorer,
M'a donné les moyens de t'exprimer moi-même
 Qu'en toi tout se fait admirer.

La Tête de Méduse.

Quelle est donc cette tête ailée,
Cette couronne aux divers attributs?
Près d'elle, une foule assemblée
La regarde et s'enfuit troublée,
 Surtout ne revient plus!...

Ah! serait-elle un sortilége
Dont il faudrait surtout se méfier?
Aurait-elle un privilége
Qui prolonge parfois, abrége,
 Croyant édifier?

Ah! c'est la tête de Méduse!
En la fixant tout se change en rochers;
Grands et petits qui, de la ruse,
Faites un art que rien n'excuse,
Arrivez les premiers!

Mais si justice allait se faire,
On ne verrait que rochers ici-bas;
La nature ne saurait plaire :
Pour être belle, il faut la terre!...
Qu'on ne la fasse pas!...

L'Hiver.

CHANSONNETTE.

Le ciel ne m'offre plus
Son charme irrésistible;
Déjà le blond Phébus
Devient imperceptible;
Des nuages épais
Le cachent à la vue;
Les oiseaux sont muets,
Et la bise est venue!

Tournoyant dans les airs,
La feuille est détachée;

Les champs sont découverts,
La terre est desséchée.
Naguère, le ruisseau
Roulant une onde pure,
N'offre plus à l'oiseau
Qu'une surface dure.

Par son lugubre cri,
L'oiseau dont le plumage,
Au cœur même endurci,
Apporte de l'ombrage,
Le corbeau dans les champs
Recherche sa pâture,
Montre comme les vents
Le deuil de la nature.

Suzette, tes moutons
Ont beau gratter la feuille,
Eloigner les pelons
Que le ruisseau recueille,
Tendre herbette n'est plus.
Toutefois la faim presse;
Médor, aux yeux d'argus,
Les poursuit, court sans cesse.

Mais, bientôt fatigué,
Le troupeau peu docile
Se moque de son guet,
En tous lieux se faufile
Sans se rassasier.
Va chercher, se répète,
Lasse le gosier
De la pauvre Suzette.

Le riche citadin,
Pendant que la nature

Dit qu'il est une fin,
Qu'ici-bas rien ne dure,
Danse, se réjouit,
Flatte le dieu de Gnide
Dont le charme éblouit,
En tout le prend pour guide.

Il est un autre dieu
Qui sur lui fait merveille,
Qui souvent lui tient lieu,
Quand il voit sa bouteille.
De maints autres plaisirs,
Bacchus fait qu'il oublie
Qu'ici-bas les désirs
Engendrent la folie.

Romance.

On disait l'autre jour
A l'aimable Lisette :
Prenez garde, l'Amour
Vous voit toujours seulette;
Armé de son carquois,
Il a certaine audace;
Sur vous il a des droits :
Il ne fait jamais grâce.

Déjà dix-huit printemps
Vous ont donné leurs charmes;
Le cœur en ces moments
Vous fait couler des larmes,
Des larmes de désirs.
Aimer est nécessaire;

Mais viennent les soupirs
Quand on a l'art de plaire.

« Serait-ce une leçon?
» Soudain répondit-elle;
» Je ne crains Cupidon,
» Ni sa flèche cruelle.
» A garder mon troupeau
» Je passe ma journée;
» Près de l'humble ruisseau
» Je lis ma destinée.

» Avec rapidité
» Fuit à mes yeux son onde,
» Et sa limpidité
» N'est que d'une seconde
» Si l'orage survient;
» Ainsi mon existence
» A chaque instant s'éteint
» En m'ôtant l'espérance.

» Je n'en souris pas moins;
» Ah! rien ne m'inquiète!
» Les coteaux sont témoins
» Que je chante seulette.
» A tous ceux d'alentour,
» L'écho du voisinage
» Peut dire que l'amour
» Ne me tient en servage. »

Lisette ainsi chantait;
Caché sous le feuillage,
Cupidon écoutait
Cet innocent langage.
« Tu te moques de moi,
» Se dit-il en lui-même;

» Je vois, Lisette, en toi
» Une arrogance extrême.

» Avant peu tu sauras
» Si j'ai de la puissance,
» Si longtemps tu diras :
» J'aime mon innocence. »
Cherchant dans son carquois
Une flèche acérée :
» Va, dit-il, où tu dois,
» Et punis l'insensée. »

Damis était cité
Partout, dans le village,
Par son honnêteté,
Et n'était point volage.
Lisette lui plaisait,
Lui donnait une rose ;
Mais jamais il n'osait
Dire : de moi dispose.

Un jour, mieux avisé,
On célébrait la fête
De l'objet adoré,
De l'aimable Lisette ;
Damis, en lui donnant
Un bouquet admirable,
Lui dit, balbutiant,
Mais avec l'air affable :

« Je vous offre ces fleurs,
» Elles sont votre image
» Par l'éclat, leurs fraîcheurs ;
» Mais il en est, je gage,
» Que vous admirerez :
» Ce sont les immortelles !

» Pour vous plaire, croyez,
» Mes actions sont telles. »

Lisette, un peu, rougit :
C'était d'un bon augure.
Dès ce jour il surgit
Ce que l'amour procure :
Le besoin de se voir,
Le matin, dès l'aurore;
Le bouquet, fait le soir,
Se donnait frais encore.

Dès lors, le cœur parlait :
Amour, Hymen sont frères;
Le *oui* se préparait
Et s'obtint sans prières.
Le jour de l'union,
L'Amour dit à Lisette :
Avec moi dire non,
Ce n'est qu'une bluette.

Épître à mon Ami.

BOUTADE.

Ami, je t'avais dit : Pour ma tranquillité,
Je veux fermer les yeux sur la société;
Ne jamais accepter ce qui me blesse en elle,
Ne point lasser alors si souvent ma cervelle
De tout ce qu'elle m'offre en dehors de raison.
Soit par faiblesse ou par forte irritation,
Je vais te dire encor qu'elle me désespère,

Et que le genre humain a tout le nécessaire
Pour qu'on cherche à le fuir; c'est encore trop peu :
A lui dire au plus tôt un éternel adieu.
Tromper semble un devoir, même dans le village
Où se trouvait jadis, du moins a dit le sage,
Cette fidélité qu'inspirait la vertu,
Qui faisait que le cœur n'était point abattu
Par ces désirs brûlants, par la soif incessante
De ces plaisirs mondains dont l'âme est haletante
Lorsque, comme un éclair, apparaît la raison.
Oh! oui, tout est changé : tout sentiment est bon
Si l'orgueil, l'amour-propre, ah! ces vices horribles,
Se trouvent acceptés, se trouvent accessibles
Aux caprices honteux de ces individus
Dont les cœurs, plus ou moins, se trouvent corrompus.
Souvenir, amitié ne sont plus de ce monde;
Ils deviennent des mots : on s'en moque à la ronde.
Les principaux devoirs que la nature enfin
Impose comme un dogme à tout le genre humain,
Se trouvent sans effet : la parenté s'oublie;
Affaires et plaisirs, tout acte de folie,
Au jour où nous vivons, ont la priorité,
Et l'on me dit : Suivez cette société !...
— Cher ami, mille fois je trouve préférable
Mon humble solitude; elle m'est agréable
En ce qu'elle m'y donne une ample liberté,
Charme délicieux, s'il peut être goûté.
Je vais, je viens, je fais aimable chansonnette,
Je conte les amours d'Arthur et de Lisette;
Amant passionné des bocages, des bois,
Les échos d'alentour me rapportent parfois
Leurs secrets entretiens; ma mémoire fidèle,
Quand j'y pense le moins, soudain me les rappelle;
Je puis même en donner la preuve en ce moment.
Arthur, sur sa musette, exprimait tendrement :

« Ce matin, dès l'aurore,
» Je faisais ce bouquet;
» Maintes roses encore
» N'avaient pas le reflet
» Que le soleil leur donne;
» Mais, de ces frais boutons,
» Faisons une couronne;
» Nous nous amuserons.

» Ces boutons, ma Lisette,
» Par l'éclat, leur fraîcheur,
» Ne sont qu'une bluette
» Comparés à ton cœur.
» Quelle est leur existence?
» A peine quelques jours;
» Bonheur et jouissance
» Près de toi sont toujours.

» Le *oui* de l'hyménée,
» Quand me le diras-tu?
» Une belle journée,
» Fais-en un impromptu.
» Ah! dans ma joie extrême,
» Je dirai : chers amis,
» Voyez, Lisette m'aime;
» Amour l'avait promis. »

— Je pourrais, cher ami, t'en répéter encore;
Mais mon esprit n'est pas, en ce jour, complaisant.
Je vais me reposer; au lever de l'aurore,
Sans doute je serai moins sombre, plus plaisant.
Chansonnette égrillarde, une fable instructive,
Un conte au sel mordant, en un mot quelques vers,
Tu peux t'y préparer, feront une missive
Qu'il faudra recevoir comme un plaisant revers.

Chansonnette.

On répète : Cloris
Ne tient pas sa promesse ;
Les plaisirs et les ris
Fascinent sa jeunesse.
Elle dit *non*, dit *oui* ;
De ces mots, lequel croire ?
Ah ! je pense aujourd'hui
Qu'ils sont comme l'histoire.

Caprices et désirs
Se meuvent sur la terre,
Et songer aux plaisirs
Est le vrai don de plaire.
Selon la question,
Cloris fait la réponse,
Et souvent le mot *non*
Est ce qu'elle prononce.

L'applaudir, la blâmer,
Comment pouvoir le faire ?
Il faut pour affirmer
Bien connaître une affaire :
Qui le peut en amour ?
Cloris, jeune et jolie,
Fait bien, par le détour,
D'éloigner la folie.

Les bergers du canton
Lui font bien des caresses ;
Eux aussi disent non
S'il s'agit de promesses.

Pourquoi donc la blâmer?
Elle n'est point coupable :
Cloris ne peut aimer
Si l'on n'est pas aimable.

La jeunesse est partout,
On peut dire, la même;
Elle voudrait beaucoup,
Disons jusqu'à l'extrême;
Mais se mettre en dehors
De ce que l'on désire
Qu'il vous soit fait, alors
On critique, on déchire.

Épître à mon Ami.

Ces jours derniers ma tête était comme le temps;
C'est donc, mon cher ami, te dire au variable;
Parfois chaleur tropique et tout à coup les vents
Du midi, de l'ouest, au souffle insupportable,
    Chargeant le ciel de nuages épais;
De même des soucis, dont on n'est pas le maître,
    Me fatiguaient plus que jamais.
J'aurais voulu ne point te le faire connaître;
Mon silence était là, devant te dévoiler
Que la sombre paresse ou bien tout autre cause
    Empêchait ma plume d'aller;
Mais le passé n'est plus ; alors sur toute chose
    Que l'indifférence ou l'oubli
    Ne vienne pas te faire croire
    Que, pour toi, mon cœur a faibli,
Pour son ami qu'il n'a plus de mémoire;

Cette crainte ne peut toutefois m'émouvoir.
Enfin, je suis le même, et vais te faire rire
Par tout ce que j'apprends, que même j'ai pu voir :
  C'est donc de l'histoire à t'écrire.
— Caquetage en tous lieux, surtout dans les bureaux
  Où la gente, encore écolière,
  Donne ses moments les plus beaux,
  Et ce, sans le moindre salaire,
  Pour devenir aptes un jour
A l'état fructueux d'avoué, de notaire,
D'huissier, d'écrivain de certain carrefour.
L'habitude, a-t-on dit, et, par expérience,
On a vu que redire avait de la raison ;
Que l'habitude, enfin, pour les vieux et l'enfance,
Etait une nature ayant droit au blason.
Eh bien! ces jeunes gens, pendant au moins huit heures,
  Sur un papier officiel
Ecrivaient et bâillaient, ayant fait leurs demeures,
La veille, dans ces lieux où jamais le sommeil
  Ne vient raffraîchir les paupières.
  La plume allait donc sans précision ;
Ou plus ou moins de mots dans telle ou telle ligne,
N'était point le sujet d'une observation.
— Autres temps, autres mœurs; dès lors, pour être digne
D'occuper un emploi dans ces lieux opulents,
De par de hauts avis, de pure arithmétique,
Pour, soit dit entre nous, frapper les innocents,
On laisse de côté l'art de la réthorique ;
Ce qu'il faut, c'est savoir employer le papier.
Beaucoup est le mot d'ordre... et l'on est prêt à dire :
Vous avez soif, buvez; il vous faut expier
Les horribles défauts, ah! ceux de se nuire,
D'intenter des procès, de vendre ou d'échanger
  Des biens légués par héritages.
— Avec de la franchise, à ne point s'obliger

A faire intervenir des tiers dans les partages,
    Tous ces papiers, chèrement achetés,
      Ne seraient plus que des images
    Qui deviendraient des curiosités
Et croûpiraient sans doute en certains étalages ;
      Alors, salutaire repos
        A ces messieurs aux robes noires.
      Mais ce relâche des travaux,
Ne plus pouvoir présenter ces mémoires
Qui ruinent, font gémir sensibles patients,
    Ne saurait leur être agréable ;
Il faudrait ralentir tous ces pas de géants
Qui mènent, sans tarder, à ce but désirable :
A la fortune, dis-je, et cela se comprend.
Alors, que de soupirs ! mais le mal, dans ce monde,
      A sa racine trop profonde
Pour ne point relever sa tête en conquérant.
— Tout va se terminer par une lasse étude ;
      Tant de lignes et tant de mots
Dans tel ou tel papier : rigide exactitude
      Pour éviter d'amers propos
      Et des pertes sans nul doute.
Aussi, parmi les clercs, dociles écrivains,
      Pour ne point faire fausse route,
    Perdre surtout des émoluments certains,
      Beaucoup, dit-on, prennent des maîtres,
Des maîtres d'écriture ayant l'art désiré
    Soit de grossir ou d'espacer les lettres,
Pour atteindre le but par le fisc espéré.
Maints tableaux encadrés, dans les grosses études,
Sont placés sous les yeux de chaque expéditeur
      Pour éviter les inexactitudes
      Dans cet insipide labeur.
— Voilà, mon cher ami, par ce beau temps de pluie,
Ce qui fait caqueter ; je pourrais dire encor

Gémir certains esprits : le silence est de l'or ;
>Sur ce dilemme je m'appuie,
>Et, pour garder mon quant à moi,
Je quitte le journal et surtout la commère.
Toujours des questions : mais comment? et pourquoi?...
— Parcourir les vallons, visiter la chaumière ;
Aux pieds des uns on chante, et dans l'autre toujours
>Tendre amitié, cette simplesse
>Qui me rappellent les vieux jours
>Qu'on me vantait dans ma jeunesse ;
Tout cela me convient, je reviens à mes goûts,
Et surtout si je puis, caché par la feuillée,
Entendre quelques chants que l'amour rend si doux,
>Qui se répètent la veillée
>Après avoir fait les charmes du jour.
— A propos, ma mémoire est là qui me conseille
A te donner aimable échantillon
De ce qui, tour à tour, près de moi fait merveille,
>D'un laboureur si doucette chanson :

>« En naissant, notre destinée
>» Prend ou plus ou moins de valeur ;
>» La mienne, on peut dire, est bornée :
>» Je suis un simple laboureur.
>>» Oui, mais le soir je chante ;
>>» Qui donc en fait autant ?
>>» Le riche se tourmente,
>>» Lucas part soupirant.

>» Un lourd travail est mon partage,
>» Mais ce labeur est un besoin ;
>» On me l'a dit dès mon jeune âge,
>» Et je m'en acquitte avec soin,
>>» Aussi, le soir je chante ;
>>» Qui donc, etc.

» Je ne puis fréquenter le monde,
» Je m'y trouverais déplacé,
» Car on s'y déchire à la ronde
» A peine le jour commencé,
 » Et moi, toujours je chante;
 » Qui donc, etc.

» Dans ma rustique maisonnette,
» Ah! je suis sans cesse joyeux;
» Du dehors je ne m'inquiète :
» C'est le secret pour être heureux.
 » Aussi, toujours je chante;
 » Qui donc, etc.

» Femme, enfants, moi si je me compte,
» Nous disons : *Travail, amitié;*
» *Aux paresseux laissons la honte,*
» *Des malheureux ayons pitié.*
 » Ainsi, toujours on chante;
 » Qui donc, etc.

» Lisette qui nous est si chère,
» Pourquoi, par ses mille agréments,
» Nous a dit, surtout à sa mère,
» L'hymen doit offrir doux moments!...
 » A ce dire, je chante;
 » Qui donc, etc.

» Lucas me fait la cour, m'enchante
» Par l'excellence de son cœur;
» Puisque je suis sa douce amante,
» Si vous faisiez notre bonheur!...
 » C'est un oui qu'on désire,
 » Peut-il se refuser?
 » Nous allons boire et rire,
 » Et bien nous amuser. »

— Eh bien, mon cher ami, tu vois que je radote;
Ce matin j'en étais à la sombre anecdote,
  Et je finis par légère chanson.
Cette diversité me remet à mon aise;
Broyer toujours du noir n'est point plaisant, dit-on;
  Alors, pourquoi rechercher le malaise?
    Si la vieillesse a l'art heureux
De nous faire briller les charmes du jeune âge,
Chansons, charmants minois, ces jours délicieux
Où les cœurs font les frais de tout un entourage,
Pourquoi de noirs soucis? Amis, laissons venir
Le suprême moment où l'adieu se prononce,
   L'adieu qui dit : *tout doit finir;*
  Hélas! à tout ici-bas je renonce.

Délassement.

  Heureux, nous dit-on chaque jour,
  Celui qui veut bien croire l'être;
  Moi, je le répète à mon tour,
  Ma raison me le fait connaître.
  Chacun de nous, encore enfant,
  Montre un goût pour telle chose;
  Y sourire est un agrément,
  Et la réussite y dispose.

  Les sciences sévères, les arts
  Grandissent, brillent par l'étude
  Et quelquefois par les hasards,
  Selon telle ou telle aptitude.
  Arthur, un jour, se voit savant;
  La jeune, adorable Sylvie
  Plaît, vous captive par le chant;
  Tout est science et mélodie!

Délassement aimable et doux
Ici-bas devient nécessaire,
Se le procurer est en nous :
Pourquoi ne pas se satisfaire?
Après l'étude, le plaisir,
Celui que la raison commande,
Qui met de côté le désir,
Celui, plus tard, qu'elle gourmande.

La chasse, aux séduisants attraits,
A tout âge a su me sourire;
Elle efface soucis, regrets,
Sur mes sens offre son empire.
Dès que le blond Phébus paraît
Et que le vent est favorable,
Par un signe Médor est prêt,
Saute et me fait caresse aimable.

A peine arrivé dans les bois,
Par son fouet, soudain, qu'il agite,
Portant du retard dans ses pas,
Je me dis : non loin est un gîte.
Le gibier part et mon cœur bat,
Surtout avec joie indicible,
Si du premier coup je l'abat :
Peu de fois cela m'est possible.

En chasse il est, comme en amour,
De ces moments doux et pénibles;
Le cœur souvent y joue un tour
Par des pulsations nuisibles.
On le reconnaît, mais trop tard;
Amour en rit, il s'en irrite;
Sauvé par un heureux hasard,
Le gibier s'éloigne au plus vite.

Epître à mon Ami.

Je me lève, et mon cœur éprouve cet émoi
Qui me fait espérer une douce journée.
Déjà, de tous côtés, j'entends autour de moi
Des chants, des cris joyeux; je vois une nuée
De femmes et d'enfants, la faucille à la main,
Les bergères ayant leurs troupeaux devant elles,
Les rustiques hautbois répétant le refrain
D'une aimable chanson aux douces ritournelles.
Cet émouvant tableau me donne cette humeur
Que jadis j'éprouvais et qui me charme encore.
Ah! jamais, a-t-on dit, ne peut vieillir le cœur;
C'est un divin bienfait du Très-Haut qu'on adore;
Pour ma part je l'accueille : il me fait oublier
Les tribulations qui, souvent dans la vie,
Jettent un voile obscur qu'il peut seul pallier.
Mon bien-être, en ce jour, est donc digne d'envie;
Aussi je vais aller respirer dans les champs,
Voir ce qui peut s'y faire, et peut-être surprendre
Ce qu'on cherche à voiler, au moins pour quelque temps.
— Quel ravissant spectacle! ah! je ne saurais rendre
La vive émotion que soudain j'en ressens!
Tous ces villageois, dans ces immenses plaines,
Coupant les blés jaunis; sur les riants coteaux,
Des bergères riant comme des châtelaines
Qui goûtent les plaisirs dans leurs brillants châteaux;
Les danses et les jeux que la jeunesse inspire,
Ces couplets variés que l'amour sait choisir
Pour arriver bien vite à la fin qu'il désire,
Tout en ce doux moment donne un charme au loisir.
Même il me semble voir, sur la pelouse assise,

Cette blonde déesse, en sa main présentant
Le modeste attribut qui la caractérise :
Une faucille, dis-je ; à son front un turban
Formé d'épis dorés ; à ses pieds, devant elle,
Avec activité, le joyeux laboureur
Récoltant le produit d'un pénible labeur.
— Ah! pour moi, cher ami, la journée est bien belle ;
Mais, qu'entends-je ? Des chants les plus mélodieux ;
Ce sont les moissonneurs : je vais m'approcher d'eux.

   « La journée est finie,
   » Amis, rentrons chez nous ;
 » Dieu, par sa puissance infinie,
 » Rend notre travail des plus doux.

   » L'astre de la lumière,
   » Par ses feux bienfaisants,
 » Donne ce qu'il faut à la terre
 » Pour mieux récolter ses présents.

   » Demain, sans doute encore,
   » Ici, tous réunis,
 » Nous viendrons saluer l'aurore,
 » Charmés de nos heureux produits.

   » Cette douce espérance
   » Va donner le repos
 » A nos sens agités, je pense ;
 » Joyeux, nous prendrons nos travaux.

   » La journée est finie,
   » Amis, rentrons chez nous ;
 » Dieu, par sa puissance infinie,
 » Rend notre travail des plus doux. »

Répétant le refrain de la bande joyeuse,
J'ai gagné mon logis; mon repas m'attendait.
De ce beau jour, mon âme est toute radieuse;
Puissent ces quelques vers t'en donner le reflet.

1ᵉʳ Janvier 1862.

Encor je puis, chère Anne, en ce premier de l'an,
Faire des vœux pour toi, du fond du cœur te dire
Merci des tendres soins, de cet amour constant
Que tu veux bien porter à l'âge qui désire,
Qui sait apprécier ce que le cœur inspire;
Oui, merci mille fois des égards si nombreux
Que je retrouve en toi chaque jour de l'année.
Que te dire de plus? que faire?... Oh! oui, des vœux
Pour que ta vie, hélas! soit illusionnée
Par tout ce que tu fais, ce qu'inspire ton cœur;
Qu'elle te soit légère, ah! proportionnée
Aux heureux sentiments dont je sens la douceur.

Bluette légère.

Quand j'aperçois l'aurore
M'annonçant que Phébus
Va m'éclairer encore,
Je dis : un jour de plus
Pour parcourir la route
Que voudra le destin,
Me laissant dans le doute :
Celui du lendemain.

Mais j'ai la jouissance
Du présent qui me plaît;
Je vais revoir Hermance,
Ah! point d'autre souhait!
Demain sera sa fête :
De mes plus belles fleurs
Je vais me mettre en quête;
Ce soir, mille douceurs!

La rose est son image,
Elle en a la fraîcheur;
Point de vain étalage
Pour apprécier le cœur.
Elle sera la reine
De mon simple bouquet;
Mais j'y joindrai la mienne :
La fleur de mon cachet.

C'est dire l'immortelle;
Une plante y sera;
Doux symbole comme elle,
Comme elle durera.

Le lierre à la devise,
Et la mienne toujours;
J'unis qui se divise;
Ce dogme est sans recours.

L'Amour nous fait sourire;
Il est un autre dieu
Qui flatte, nous inspire,
Et vient combler un vœu
Que forme la jeunesse :
De deux ne faire qu'un;
Ce dieu n'a qu'une ivresse :
Le bonheur d'un chacun.

C'est celui d'hyménée
Qui sourit par le oui;
Alors, quelle journée !
Que n'est-elle aujourd'hui?
C'est à toi, belle Hermance,
A prononcer ce mot :
Toujours amour, constance;
Que ce soit notre écho.

Anecdote morale.

Fine et parfois coupable espièglerie,
    Pour le jeune âge est un besoin;
C'est un commencement, on dirait, de la vie,
Mais qui, sans le vouloir, peut conduire bien loin !...

— Arthur, Belmond étaient encore en ce bel âge
    Où le travail est un besoin pressant.

Le désir de s'instruire était en leur partage;
　　Mais ils avaient un certain élément
　　　　Ah! celui de donner l'envie
De l'imitation aux jeunes gens comme eux;
　　Ce passe-temps outré peut, dans la vie,
Être blâmable en ce qu'il est pernicieux.
　　— L'instituteur de la modeste école
Où se trouvaient placés les jeunes étourdis
Caressait un besoin, peut-être était-il drôle,
　　　　De faire sécher divers fruits,
　　Précaution toutefois très utile
Pour un nombreux ménage en la saison d'hiver :
　　　　La jeunesse veut un dessert,
Le dîner fût-il fait par un artiste habile.
Alors, quand le soleil dardait ses traits de feux
　　　　Sur un côté de sa terrasse,
　　　　Avec un soin méticuleux,
　　　Monsieur Leclerc mettait en masse
Les produits les plus frais des arbres du verger,
Au four ayant subi l'action préalable
Pour arriver au point désiré, sans danger
Que le contact de l'air, la vermine intraitable
En absorbent le suc ou les fassent pourrir.
　　Les retourner au moment nécessaire
Était, de tous les jours, une tâche première.
— Monsieur Leclerc croyait que sauter et courir
Étaient les seuls besoins de la gente écolière;
　　　　Mais la gourmandise était là,
　　　　Joignons surtout l'espièglerie,
　　　　Qui faisaient dire : nous voilà.
Bien manger, s'amuser sont l'âme de la vie;
Alors on épiait les moments opportuns
　　　Pour dérober soit la prune ou la poire.
— Ne prendre de ces fruits que parfois quelques-uns
N'eût été remarqué, car on ne pouvait croire,

6..

Les écoliers étant si bien traités,
Qu'un tel larcin était en permanence,
Que ces fruits se trouvaient trop de fois visités.
Enfin monsieur Leclerc eut de la méfiance :
Tous les meilleurs furent ôtés
Et suspendus, dans le parterre,
A l'arbre le plus haut, dans un panier, dit-on.
Pour se les conserver était-ce bien tout faire ?
Il fallut peu de jours pour que l'on dise : non.
— Les deux rusés gourmands, dans l'ombre du silence,
Sachant où l'on avait placé le dit panier,
Au moyen d'une longue échelle
Qu'ils avaient vue en un proche grenier,
Quand l'heure leur paraissait belle
Allaient furtivement en amoindrir le poids ;
Mais la cruche portée à l'eau par trop de fois
Se connaît, à la fin se casse.
Monsieur Leclerc veillait, et Belmond fut surpris ;
Car, à la fin, la patience lasse ;
Et le piquant du fait des étourdis,
Belmond fut mis en pénitence.
Arthur, soudain, ayant pu s'esquiver
Avec dextérité, surtout avec prudence,
Sur l'échelle fut se percher :
« Ah ! je vais, se dit-il, exercer ma vengeance,
» Prendre beaucoup de fruits que je saurai cacher. »

MORALE.

Avoir affaire à la jeunesse,
Ah ! quel en est souvent le résultat ?
En tout montrez de la tendresse,
Elle s'accepte sans éclat ;
Mais s'il faut faire un tour, la moindre espièglerie,
Sans chercher à savoir si c'est mal, si c'est bien,

Il suffit d'un accord, d'un léger entretien
Pour mettre de côté ce qu'il faut dans la vie :
Respect en toute chose, être surtout discret,
De toute bienséance est le puissant secret.

Simples réflexions du vieux soldat.

A la fleur de mon âge il a fallu partir,
D'après l'austère loi, pour servir la patrie;
Cela me fut cruel, il faut en convenir.
Quitter parents, amis, la voisine chérie,
Son habitude enfin dont le charme est si grand
Devenait un motif inspirant la tristesse;
Mais l'excès d'un grand mal vous rend indifférent.
De la distraction sourit à la jeunesse;
On gémit quelques jours, on se calme à la fin,
Et l'habit de soldat, pris avec répugnance,
Plus tard peut vous flatter; ce fut mon sort enfin,
Et, je me dis, alors : avec un peu de chance
Je puis bien arriver, comme ces chefs brillants,
A ce que la fortune un jour me favorise.
On a dit : la giberne a des effets puissants;
On y trouve ce qui plus tard immortalise :
Un bâton, eh! lequel? celui de maréchal!...
L'espoir est pour nous tous, plus ou moins il seconde
Tel ou tel; mais souvent il se trouve l'égal
De celle qui gouverne en maîtresse le monde,
De la fortune, dis-je, en prêtant son secours
A l'être qui ne sait que flatter la paresse.
L'espoir n'en est pas moins un charme qui, toujours,
Finit par adoucir les torts de la déesse;
Vive émulation venant à se montrer,
Il faut la maintenir; l'âge est là qui nous presse,
Nous offrant des regrets qu'il nous faut expier.
Eh bien! comme soldat, courage, obéissance
Sont de puissants devoirs; je saurai les remplir;

Mais un chacun de nous tient à la récompense :
C'est le devoir du chef, et qu'il doit accomplir.
Dans l'un et l'autre cas, que de choses à dire !
Paresse, insouciance et surtout la faveur,
Chez le soldat, le chef, bientôt se font maudire ;
L'orgueil humilié dégénère en froideur,
Et dans les jours où l'on recherche le courage,
Cette abnégation d'où naissent des héros,
Les cœurs ne battent point, l'ennui vous décourage,
Et la honte surgit en place de bravos.
— Du siècle où nous vivons, autrefois chez nos pères,
Hélas ! mêmes défauts sans être calculés !...
O triste genre humain ! ô siècle des lumières !
Plus tôt, plus tard, à quoi sommes-nous appelés ?
— J'ai donc deux fois vingt ans suivi cette carrière ;
Que de peines ! de maux ! ah ! les énumérer
En ce jour ne saurait devenir nécessaire !
Le déni de justice, on a voulu le faire ;
On craindrait de rougir de le récupérer.
Alors douce espérance, à tout jamais perdue,
Au calme, à la raison il faut s'assujettir,
Et la reconnaissance étant loin d'être due,
Et se taire et gémir ; ne point se départir
De ce cruel devoir que le siècle commande ;
Alors et seulement douce tranquillité
Apparaîtra sans doute, ah ! sans qu'on la demande.
Eh bien ! en espérant cette réalité,
D'un bien triste passé je ne veux que la trace
Vienne assombrir les jours qu'il me reste à compter
Pour finir mon chemin ; qu'on puisse dire : « Il passe,
» Laissant derrière lui ce qu'on ne peut ôter :
» Souvenir accablant et, parfois, quelques larmes
» Qu'on ne peut retenir quand le cœur est blessé. »
En attendant ce jour qui peut avoir ses charmes,
Par un espoir riant sans cesse encor bercé,

A l'Amour, mais que dis-je? il est sourd à mon âge,
J'adresserais des vœux; mais j'entends qu'il me dit :
« Je ne suis rien pour toi, songe à ployer bagage;
» Mon temple, vieux soldat, t'est dès lors interdit.
» Crois-moi, tes souvenirs peuvent bien te sourire;
» Mais pour me plaire il faut de la réalité;
» Chaque chose a son temps : l'arbre ne peut produire
» Quand la sève a perdu de sa propriété. »
Un autre sentiment viendra me satisfaire :
Celui de l'amitié!... Le soin de mon parterre
Saura me réjouir; pour guide ayant mon chien,
Ah! je suivrai les pas de Colin, Colinette;
Leur bonjour échangé, leur modeste maintien,
Le frais bouquet remis, la champêtre musette
Appelant les bergers en retard d'arriver;
A l'aspect du beau jour, au bonheur prêt à luire
Je sourirai, soudain j'apprêterai ma lyre,
Et, d'échos en échos, je ferai répéter,
Avec un tendre émoi, chansonnette jolie
Que bergerette inspire avec son tendre cœur,
Guidé par l'amitié, par légère folie,
Qui disent qu'ici-bas on connaît le bonheur.

   « On dit l'Amour volage!...
   » Il ne peut que tromper
   » Fille qui n'est point sage,
   » Qui ne sait s'occuper.
   » Je vais dans la prairie,
   » Qu'il me guette s'il veut;
   » Jamais je ne varie
   » ~~Quand~~ *Lorsque* j'ai fait un vœu.

   » Mon Damis, je l'adore;
   » Dès longtemps j'ai sa foi.
   » Au lever de l'aurore,
   » Soudain il pense à moi,

» Cueille une belle rose,
» Me l'offre en soupirant;
» Quant au baiser, il n'ose:
» Je l'excite en riant.

» Par l'amitié sincère
» J'ai su le captiver,
» Lui serai toujours chère :
» Le temps peut m'éprouver.
» Répétons à la ronde
» Le précepte divin :
» La joie est de ce monde
» Si le cœur guide bien.

» Mes compagnes chéries,
» Dansons, amusons-nous;
» Sur ces herbes fleuries
» Que nos moments soient doux.
» Ne pourraient-ils pas l'être ?
» Le soleil du printemps
» Vient de nous apparaître
» Pour réjouir nos sens. »

Heureux pour le moment d'une gaîté naïve,
Encor le vieux soldat à l'espoir sourira;
A l'espoir, mais auquel? on lui demandera;
A celui d'oublier, faveur un peu tardive :
Vaut mieux tard que jamais, vieux soldat redira.

Historiette morale.

Deux amis, Victor et Colas,
De ces amis que l'on ne trouve guère,
Mais, disons mieux, qui ne se trouvent pas,
Suivaient, jeunes encore, une même carrière.
A l'exemple de leurs aïeux,
Celle des armes fut choisie.
Brillants d'instruction, mille dons précieux
Qui flattent, font aimer la vie,
S'étant fait remarquer en eux,
Les grades arrivaient comme une récompense
A leurs travaux dignement mérités.
— Le démon de la guerre appelant hors de France
Ses milliers de soldats qui, toujours exaltés,
Acceptaient, comme un jour de fête,
Le canon étant prêt à gronder sur leur tête.
Les régiments de Victor, de Colas
Se virent désignés pour former l'avant-garde
De cette armée allant affronter les frimats
De ces pays lointains que l'Europe regarde
Avec un sentiment qui ressemble à l'effroi ;
En Russie, en un mot, et j'en ai souvenance,
En ayant ressenti moi-même un triste émoi,
Hélas! étant soldat en ces jours de souffrance.
— L'aigle, comme toujours, brillant sur les drapeaux
De la belle patrie, ah! de la noble France,
Faisait déjà trembler ce peuple de héros;
Mais un cruel destin vint briser les courages :
L'épouvantable hiver déchaînant les autans,
Dans les champs, sur l'armée exerçait ses ravages;
Le fer, le feu de ces fiers combattants,
Enfin tout, dis-je, vient ordonner la retraite.

Naguère les Français, partout si glorieux,
Se virent sous le poids d'une horrible défaite;
Leurs corps jonchaient la terre; on voyait en tous lieux
Ce qui nâvre le cœur, un horrible spectacle :
Morts et mourants, haillons, des armes où le sang
Était encore empreint; d'une affreuse débâcle,
Le sinistre tableau s'offrait tout émouvant.
 — L'armée était, on peut dire, détruite;
  Ah! toutefois dans les divers dépôts,
Par un reste d'instinct, la faim qui vous irrite,
Pendant des mois entiers, en proie à mille maux,
Chaque jour des soldats, mais en trop petit nombre,
S'offraient pour dire encor : nous voilà des présents.
Cette apparition agréable était sombre;
  Trop grande était la masse des absents!...
 — Et Victor et Colas, officiers de mérite,
  Hélas! qu'étaient-ils devenus?
Ils furent recherchés; on sut, mais non de suite,
  Que dans les rangs ils n'étaient plus.
 Étaient-ils morts? ou dans la Sibérie,
En proie à mille maux qu'on ne peut soulager;
Sans doute, ils se disaient : telle est donc notre vie!
Ces supplices, mon Dieu, pouvaient bien s'abréger!
 — Enfin, après plusieurs années,
On apprit que Victor, blessé, fait prisonnier,
Par des protections actives, bien menées,
Revint dans sa patrie et dut se marier
  Sur les instances de sa mère.
 — Cette union était louable et chère;
La joie et le bonheur, si longtemps désirés,
Ravivèrent des cœurs naguère déchirés
Par une horrible absence et surtout par la crainte,
Sentiments si cruels au parcours d'ici-bas;
Mais lorsque le destin, dans sa bizarrerie,
Ou plus ou moins vous a pressuré dans ses bras,

Il est certains moments où sombre rêverie
    Met un arrêt dans les plaisirs du jour;
Aussi, Victor disait : « Par sa grâce divine,
 » Dieu tout-puissant a béni mon amour.
 » Je suis heureux près de mon Ernestine ;
 » Notre enfant, jeune encor, fait sourire déjà
    » Par ses progrès un cœur plein d'excellence.
 » Mais je gémis, mon ami n'est point là !
 » Ah ! Colas n'es-tu plus? Une dure souffrance
 » Serait-elle ton sort loin de la belle France?
 » Toi qui partais joyeux pour venger ton drapeau;
 » Ah ! si tu vis encor, puisse l'Être suprême
    » M'accorder un plaisir nouveau,
    » Oh ! oui, rendre ma joie extrême,
 » Pouvant en un beau jour te serrer dans mes bras! »
    Et tendres pleurs coulaient en abondance,
Comme pour adoucir trop cruelle souffrance,
    Faire espérer un bonheur qu'on n'a pas.
— Ah ! cette illusion était bien éphémère !
Quand un cruel destin vous a déjà frappé;
Le mal qu'il vous a fait ne saurait se refaire,
Et tendre espoir qu'il donne apparaît usurpé.
Victor avait souffert; blessures et misère
    Portent leurs fruits, et le tombeau
S'ouvre lorsque l'on croit que l'espérance brille,
Que la vie offre encor ce ravissant flambeau
Qui, parfois, nous éclaire, et surtout en famille;
Il souffrait ! et la mort, cette suprême fin,
Fut le dernier arrêt d'un sinistre destin.
— Sur un tertre touffu, une croix fut placée
    Et de pierre, pour qu'elle pût,
Comme le souvenir, cette auguste pensée,
Résister aux autans, laisser dire : *elle fut*
Mise là par devoir, commandant la prière,
    Pour le repos d'un guerrier et d'un père,

De Victor regretté par ceux qui l'ont connu.
— Depuis le jour d'un deuil irréparable,
Dès que l'aurore apparaissait aux cieux,
Femme adorée, inconsolable,
Un fils, tendres larmes aux yeux,
Aux pieds de cette croix faisaient douce prière
    Et déposaient modestes fleurs ;
L'immortelle, toujours, s'y trouvait la première,
Hélas ! comme pour dire : *A jamais nos douleurs !*...
— Sans cesse studieux, caresses à sa mère,
L'intéressant Arthur cherchait à pallier
    D'amers regrets qu'un cœur sensible,
Surtout celui d'un fils qui ne peut oublier.
Sa mère y souriait, devenait accessible
    A ces marques d'attachement :
  « Dieu me protége encor, se disait-elle ;
    » L'amitié de mon cher enfant
    » Rend ma douleur bien moins cruelle ;
  » Dieu tout-puissant, ah ! merci mille fois ! »
Et de bien douces pleurs humectaient ses paupières.
— Un matin revenant de faire leurs prières,
Près du logis, sur un modeste banc de bois,
Un homme se posait, paraissant dans l'attente ;
Les voyant arriver, il se lève humblement
Et dit : « Pardonnez-moi, ce hasard me contente,
» Madame, et vous saurai un vif remercîment
» De me dire où je suis. Hélas ! ce lieu champêtre,
» Ces alentours riants et ces bosquets épars
» Où l'on doit respirer l'air si doux du bien-être,
» Tout, dis-je, me rappelle ; excusez mes écarts.
» Par de bien vifs malheurs ma tête est affaiblie ;
» Mais, oui, tout en ces lieux m'offre le vif tableau
» D'une habitation, disait-il, si jolie,
» Par son père érigée en un style nouveau
» Et qu'il fallut quitter pour être militaire.

» Au collége élevés tous les deux à Paris;
    » Par l'amitié, dès notre enfance unis,
» Nous dûmes suivre une même carrière;
        » Mais il fallut nous séparer!
» Toutefois les deux corps se trouvant de brigade,
» Ensemble casernés, nous pûmes endurer
» Certains moments d'ennuis : les manœuvres, la garde,
    » Tout se faisait chaque jour en commun;
» Mais ce paisible état fut de courte durée :
» La guerre avec le Nord fut soudain déclarée.
        » Nos régiments ne faisant qu'un,
    » Le même jour éclairait notre route;
» Mais c'était dans l'hiver; la neige, les autans,
    » Saison surtout que le soldat redoute,
» Qu'il nous fallait aller diminuer les rangs
        » De soldats réputés vaillants.
        » Cette guerre fut désastreuse :
» La déroute, la mort, tout vint assiéger
» Une position chaque jour plus affreuse;
» Rien ne pouvait donner l'espoir de la changer.
» Je fus fait prisonnier, et, depuis dix années,
        » J'ai végété sous les verroux.
        » Enfin, le Dieu des destinées
    » A cru devoir me rendre un sort plus doux :
        » *La liberté, cette palme chérie.*
» Sous mes haillons je fais un pénible parcours,
» Et la crainte et l'espoir, cruelle rêverie,
» Ah! ne sauraient m'offrir un reste de beaux jours.
» Mes parents, mes amis respirent-ils encore?
» Vais-je les retrouver? Surtout ce cher ami,
» Serait-il moissonné par un fer ennemi?
» O mon Dieu tout-puissant, que sans cesse j'implore,
» Puissé-je voir *Victor*, ainsi que mes parents!... »
— A ce nom si chéri, réveillant dans son âme
        Des souvenirs tendres et déchirants,

Sur les traits de la pauvre dame
S'offrit soudain une froide pâleur :
Profond soupir s'échappa de son cœur;
Et, reprenant ses sens, elle parvint à dire :
Votre nom serait-il Colas?
— *Oui, bonne dame.* On ne saurait décrire
L'expression du mot hélas,
De ce premier transport que seul le cœur inspire!
Elle saisit la main du pauvre voyageur,
Et, l'inondant de pleurs : « Mon Dieu, s'écria-t-elle
» En la pressant contre son cœur,
» Votre inspiration était bien naturelle!
» C'est ici que Victor jadis,
» L'époux adoré que je pleure,
» A fait ses premiers pas, poussé ces premiers cris
» Dont la douleur met l'enfance en demeure.
» Soldat blessé, prisonnier comme vous,
» Rendu plus tard à sa patrie,
» Le dieu d'hymen, par des liens bien doux,
» Ah! nous faisait aimer, chérir la vie;
» Sa dernière heure a dû sonner;
» Elle fut et sera pour nous toujours amère :
» Mon fils et moi n'avons que la prière
» Pour calmer les tourments qu'elle a pu nous donner.
» Comme chaque matin, au pied de la croix sainte,
» Nous venons de mettre une fleur,
» Exprimer les regrets dont notre âme est empreinte,
» Nous mettre un peu de baume dans le cœur,
» Je ressens trop le poids de ma douleur.
» Arthur, conduis Colas près de la froide pierre
» Où repose un ami, mon époux, ah! ton père;
» Colas, soyez pour moi l'ange consolateur. »

ÉPITAPHE GRAVÉE SUR LE TOMBEAU DE VICTOR

PAR SON INTIME AMI COLAS DUPRÉ.

Unis dès la plus tendre enfance
Par le charme de l'amitié,
Désireux d'obtenir des bravos de science,
Tous deux nous avions la paresse en pitié.

Voulant imiter nos vieux pères,
Servir la France nous a plu.
La destinée, hélas! a des effets contraires :
Le bonheur s'est montré comme un être inconnu.

Hélas! sous cette froide pierre,
Avec toi sont nos vifs regrets.
La gloire te devait, te laissant sur la terre,
Un renom mérité ne périssant jamais.

Mais que ton âme sois tranquille,
Pour nous elle aura tous ses droits ;
La divine amitié bénira ton asile ;
Tu vivras, n'étant plus, sans cesse pour nous trois :

TON ÉPOUSE, TON FILS ET TON AMI.

Bluette.

Est bien heureux l'homme d'esprit,
Se dit-on souvent dans la vie ;
Mais l'excès porte au discrédit
Si la satyre en est suivie,
Ne fût-ce même qu'un bon mot
Exempt de la fine malice.
Trop parler devient un défaut :
Le mal en est le bénéfice.
Ah! l'exemple, à satiété
S'offre sous des formes diverses ;
Telle est notre société :
Peu de beau temps, beaucoup d'averses.
— Dans un collége, et c'est bien là
Où, parfois, fine facétie
Pourrait mériter le holà,
Mainte jeunesse, étant transie
Par cinq degrés au-dessous de zéro,
Au poêle se portait en foule ;
Mais il n'offrait pas ce qu'il faut.
Près de lui se trouvait en boule
De ce charbon propre à la ranimer ;
Mais il en est de ce noir combustible
Comme beaucoup de nous ; il ne peut s'allumer
Sans une autre chaleur : l'accord n'est point nuisible
Lorsqu'il devient une nécessité.
Le bois manquait en cette circonstance.
Le portier diligent, homme expérimenté,
Accourt, porte une *bûche* à la joyeuse enfance.
— Quelle excellente idée! ah! c'est le... *principal !*
Répartit le maître d'études.

— Sans le vouloir on fait le mal ;
Un mot souvent devient motif d'inquiétudes.
En effet, ce dernier eut un si vif succès,
Les rires, les bravos poussés à tel extrême,
Que le chef de l'école, alors hors de lui-même,
    Congédia, sans forme de procès,
L'imprudent professeur, sans doute un peu coupable
    D'avoir été par trop... spirituel.
Amis, rendons alors la maxime équitable
En disant : est heureux de même le mortel
Qui peut mettre à profit la divine science :
Celle bien négligée, ah! celle... *du silence!*

Romance.

Amis, contre son ordinaire,
Rosine montre de l'humeur;
A cela que pourrais-je faire ?
Je n'en saurais être l'auteur.
Je l'aime et ne puis que la plaindre;
Toutefois, je voudrais savoir,
Mais sans chercher à la contraindre,
Ce qui peut ainsi l'émouvoir.

Alcide vient de me le dire :
Brûlante amourette est en jeu.
En cette chose, pour détruire
Charmants accords il faut bien peu.
Ces jours derniers, dans la colline,
Alcide amenait son troupeau;
Non loin, il aperçut Rosine
Dansant au son du chalumeau.

Jusqu'à lui, douce chansonnette
Arrivait, ayant pour refrain :
« Amuse-toi, jeune fillette;
» Qui sait où tu seras demain !
» L'amour se plaît à te sourire,
» Sois donc accessible à ses vœux,
» Et, comme il saurait t'y réduire,
» Soumets-toi, ce sera le mieux. »

De ses yeux coulèrent des larmes,
Et soudain dit en soupirant :
« Amour, tu m'inspirais des charmes,
» Près de moi tout était riant;
» Mais, grand Dieu ! que viens-je d'entendre ?
» Ces danses, ce tendre émoi;
» De Rosine que puis-je attendre ?
» Son cœur, hélas ! n'est plus à moi.

» Rosine, demain est ta fête,
» J'allais préparer un bouquet;
» Dès lors, je ne m'en inquiète,
» J'en aurais par trop de regret.
» Je pleure ton indifférence;
» Pour toi puisse le sombre oubli
» Pallier cruelle souffrance;
» Entends : c'est mon vœu d'aujourd'hui !... »

L'écho n'eut rien de mieux à faire
Qu'à répéter ce triste chant;
Rosine en mouilla sa paupière :
Alcide était bien son amant.
« Abjure cruelle apparence,
» Dit-elle, mon cœur est à toi;
» On peut bien rire, aimer la danse,
» Et garder intacte sa foi. »

Ces mots enchantèrent Alcide;
On vit renaître aimable humeur;
Caressés par le dieu de Gnide,
Nos amants, unis par le cœur,
Firent un bouquet; l'immortelle
Fut la fleur choisie à l'instant :
« Notre amitié sera comme elle,
» Se dirent-ils en s'embrassant. »

Épître anecdotique

OU LA VIE DE CE MONDE.

Comme écrire et parler sont de puissants besoins
Pour tout, dans le trajet qu'on appelle la vie,
Pour le prouver, qu'on semble y mettre mille soins,
Il faut le croire alors, puisque tout y convie;
Mais suivrai-je, en ce cas, le sentier que prescrit
Le guide souverain de l'humaine nature?
Celui de la raison, à chaque instant qui dit :
Qu'une bouche muette est celle qui procure
L'idéal du parfait qu'on nomma le bonheur.
— Il en est autrement pour Suzon la commère
Qui se lève avant jour pour guetter un flâneur,
Demander : avons-nous de l'extraordinaire?
Dieu merci, le quartier est tant soit peu bavard;
Vous ne l'êtes pas moins, mon cher bon ami Blaise;
Allons, que savez-vous? Ce serait un hasard
De ne pas pouvoir rire, enfin, rire à notre aise.
— Je ne puis résister, bonne mère Suzon,
Et me vois obligé de rompre le silence;
Le conserver était bien mon intention;
Mais vous êtes pour moi si bonne connaissance,

Surtout persuadé que vous saurez garder
Un important secret, à vous je le dévoile;
Toutefois je ne puis pas trop intercéder
Qu'il soit, de votre part, recouvert d'un grand voile.
— Vous savez que Louise, avec ses vingt printemps
Et les dons enchanteurs qu'elle a de la nature,
N'a qu'à se présenter pour avoir des amants;
Que dis-je? admirateurs d'un charme que procure
Une réunion de ce qui sait flatter :
Attraits spirituels, esprit fin qui sait plaire;
Elle est, vous le savez, accomplie en tous points.
Mais on a dit, parfois, le croire est nécessaire :
Le parfait ne saurait se trouver sur la terre;
L'Amour fait tout faiblir, car il met mille soins
Pour faire succomber la plus honnête fille;
Hélas! Louise est là qui vient nous le prouver.
— Victor, comme garçon, avait tout ce qui brille;
Au plus vingt-cinq printemps avaient pu l'éprouver
Dans l'aride chemin, ah! celui de la vie.
L'amitié, sentiment qui n'égare jamais,
Lui souriait sans cesse, et son âme ravie,
Du bonheur lui faisait aspirer les bienfaits.
Chaque matin Louise allait dans la vallée
Garder son blanc troupeau; Victor l'y devançait.
Un bonjour échangé, sans la phrase empoulée,
Engageait à rester, même on se le disait;
Mais le dieu de Cythère est là qui tout épie;
Si les cœurs sont portés, hélas! à l'écouter,
Il vous rend son égal; aveugle, on sacrifie
Cette sublime paix qui vient vous emporter
Cette tranquillité toujours si nécessaire
Dans le chemin qu'on doit parcourir ici-bas.
Malin, il en sourit : c'est tout ce qu'il sait faire;
Mais vient le lendemain qui détruit les ébats :
Soupirs, cruels regrets viennent prendre la place

De ces moments si doux que l'amour inspirait.
Secret peut se cacher jusqu'à ce qu'il vous lasse;
Mais l'amour, après lui, laisse une horrible trace :
Les pleurs ni peuvent rien, longtemps elle paraît.
Louise en était là sous le sceau du silence;
L'Hyménée aurait pu voiler et pardonner;
Victor était soldat, et pour lui point de chance :
L'heure de son départ allait bientôt sonner.
Point d'argent, comment faire? Emprunter, c'est la ruine,
Lorsque, pour rendre, il faut attendre trop longtemps.
Mais le destin, parfois, vient faire bonne mine
Pour alléger le mal qu'il a fait en son temps :
A Victor on annonce un superbe héritage
Et dont il jouira comme il peut désirer.
Courir chez le notaire, apporter le message,
Demander une somme, aller se libérer,
Tout se fit, on le pense, avec cette justesse
Et cet empressement que commandent le cœur.
Les pleurs furent séchés; une vive tendresse
Fit bien vite oublier une cruelle erreur
Cachée à tous les yeux, au moins aux deux familles :
Les accords furent faits au gré des deux amants.
Sous les dômes touffus d'innombrables charmilles
En ce moment on danse, on fait des vœux charmants
Pour Louise et Victor, dont la crainte est calmée;
Mais pour nous, spectateurs des choses d'ici-bas,
Nous dirons sensément : *Point de feu sans fumée;*
Aussi nous savons tout, on ne s'en doute pas.
— Merci, cher ami Blaise. Eh bien! que l'on nous dise
Que l'on peut se fier à la fille des champs!
Elle veut, comme ailleurs, qu'on l'aime et la courtise;
Ce charme est un besoin imposé par les sens;
Tous les sages du monde auraient beau dire et faire,
Ce vice, en est-il un? maintiendra son pouvoir
Sur tout ce qui respire, existe sur la terre :

L'expérience est là qui nous le fait savoir.
— Eh bien, mon cher ami, que la sagesse veuille
Que le mutisme soit, devienne une vertu,
L'organisation n'est point un porte-feuille
Qui renferme longtemps les effets du mot tu.
Parler est un besoin, parfois souvent nuisible;
Les oisifs, il en est, et surtout des méchants,
Qui veulent en user; soit mordant ou risible,
Leur dire est écouté, qui devient passe-temps.
Fine commère et Blaise, avec certaine adresse,
Il est vrai, m'ont ému, même fait compatir
Aux douleurs des amants; le sort, avec largesse,
A su mettre la joie au lieu du repentir.
Ainsi, mon cher ami, tout se voit dans ce monde :
Le plaisir vous sourit, on le goûte à l'instant;
Mais la peine a sa part; souvent elle est profonde!
Heureux lorsqu'elle n'est ainsi qu'un seul moment.

Regrets.

CHANSONNETTE.

Autour de moi tout est riant;
Déjà je vois dans mon parterre
L'oignon, au produit odorant,
Montrer son jet à fleur de terre;
Jeunes feuilles flattant mes yeux,
Et, sous des masses de verdure,
De fleurs offrir aux curieux
Le beau pouvoir de la nature.

Phébus nous porte par ses feux
Cette chaleur qui vivifie,

Rend ce que les jours nébuleux
Avaient absorbé de la vie
Dans les plantes, les animaux.
La nature enfin se réveille :
Partout des rejetons nouveaux ;
Autour de moi rien ne sommeille.

Ah ! tout devrait me réjouir,
Inspirer cette douce ivresse
Qui donne un vrai charme au plaisir,
Fait espérer que la vieillesse
Peut encor trouver ici-bas
Les objets qui flattent sa vue
Et les êtres dont les appas
Rendent parfois l'âme éperdue.

Mais comme une image est l'espoir,
A peine nous fait-il sourire ;
Comme elle, il se laisse entrevoir :
Un rien suffit pour le détruire.
Toutefois tendre souvenir
Est là pour alléger la peine
Que l'on voit bientôt survenir,
Hélas ! quand l'espérance est vaine.

J'en ai la preuve en ce moment,
Elle ne peut qu'être sensible :
Emma, qu'on charme vainement,
Emma, dont l'absence est pénible,
Ah ! pour celui qui l'a connaît,
Fidèle à son cœur qui l'inspire,
S'est dit : « Plaisir rebuterait ;
» Le calme est ce que je désire.

» Douleur supportée est vertu ;
» Heureux celui qui l'apprécie ;

» Lorsque le cœur est abattu,
» Le plaisir s'efface et s'oublie.
» Amis, vous ne me verrez pas ! »
Ne pouvant blâmer, je soupire,
Et, contraint, je dis : Ici-bas
L'espoir ne saurait nous suffire.

Simple réflexion.

L'existence, en son cours, est comme le ruisseau
Qui, dans l'immensité, va produire son onde;
Chaque jour, un de plus, augmente le fardeau
Que l'homme plus ou moins doit porter dans ce monde.

Épître à mon Ami.

VOYAGE EN ÉGYPTE.

Ami, tu dois savoir, et depuis bien longtemps,
Combien je suis heureux d'aimer la solitude;
Mais chaque jour qui passe appesantit mes sens;
Je cherche à me distraire au moyen de l'étude;
Toutefois, un voyage, une distraction
Me sourirait, je crois, me serait nécessaire.
Eh bien! comme, chez moi, rien ne peut dire non,
Sans nuire à mon prochain je vais me satisfaire.
Mes quelques animaux que j'aime pourtant bien,
Oui, ma chienne et mes chats seront tristes sans doute;
Mais la bonne Suzon ne négligera rien
Concernant leur pâtée; alors je vais en route

Me mettre, au plus tard, dès demain.
Pourquoi cette subite idée?
Serait-elle produite en vain?
Elle est en ce moment aidée
Par une excellente santé;
Ma bourse est assez rondelette.
Je ris déjà de la gaîté
Que va me montrer mon Annette;
De la diversité parfois,
Et celle d'un lointain voyage;
Ne saurait déplaire, je crois,
Surtout lorsqu'on est à son âge.
A demain, dès l'aube du jour,
J'abandonne ma destinée,
Non, comme autrefois, à l'Amour,
Car j'exciterais sa risée,
Mais au plus ou moins de plaisirs
Que pourra nous offrir l'Afrique.
Voir ce pays sont mes désirs;
A les accomplir je m'applique.
Alors cette missive, ami,
Ne te parviendra pas encore;
Mon plaisir demeure à demi;
Ce mot est tristement sonore
Et bien contraire à l'amitié
Qui, depuis si longtemps, nous lie;
Mais rien ne peut être oublié :
Au cœur il faut que l'on se fie.

De l'Egypte, 24 juillet 1862.

— Ami, depuis un mois, la mer et les wagons
Me portent en tous sens avec une vitesse
Semblable, on peut le dire, à celle des ballons;
La curiosité, sentiment qui nous presse,

M'a fait dire parfois : Mais où donc sommes-nous?
Le ciel plus ou moins clair; jamais tranquille, une onde
Prête à nous submerger par ses horribles coups;
Et ces divers oiseaux pourchassant à la ronde
Les insectes nombreux créés, on le dirait,
Pour sans doute alléger la faim qui les tourmente.
Était-ce la vapeur, parfois, qu'il nous fallait
Pour atteindre le but d'une bien longue attente?
Ces sifflements aigus, cette vélocité,
Cette fumée épaisse empêchant à la vue
De jouir des bienfaits de la variété
Des immenses produits dont la terre est pourvue,
Tout devait s'accepter dans ma position;
Un but seul m'occupait : celui de l'arrivée.
Les jours se trouvaient longs, car la distraction
Ne diminuait point les maux de la travée.
— Enfin, c'est de l'Égypte, où je suis en ce jour,
Que je vais à longs traits faire une faible esquisse
De tout ce qui me frappe en ce nouveau séjour.
Ce peuple se signale en l'art de l'édifice :
Beauté, magnificence à chaque pas, partout;
Un ciel toujours serein donne à cette contrée
Des produits excessifs, admirables en tout;
A des moments voulus, et nombreux dans l'année,
Le Nil, de toutes parts, y déverse ses eaux,
Et leur épais limon y produit des merveilles.
— Être un peu curieux est un de mes défauts,
Et, voyageant, il faut diminuer ses veilles
Pour, dès l'aube du jour, voir et questionner.
Un beau matin aussi, je dis à mon Annette :
Allons, il ne faut pas autant se bichonner;
Imitons aujourd'hui vaillante bergerette,
Partons pour visiter les riants alentours
Du Caire, capitale à jamais renommée :
De cet antique peuple on citera toujours,

Pour les arts, son génie, et son âme animée
De ces hauts sentiments qui faisaient sa grandeur.
— Près d'un humble hameau, dans une sainte extase,
Nous fûmes arrêtés, frappés par la splendeur
D'un pieux monument; la rondeur de sa base,
Sa riche architecture inconnue à nos yeux,
Nous firent écrier : Ah! voilà du sublime!
Tout ce qui l'entourait nous semblait radieux ;
On le sait, tout à coup l'inconnu vous anime,
Et c'était, pour nous deux, bien le fait du moment.
— A l'humble agriculteur qui s'offrait à ma vue
Je demandais à quoi servait ce monument,
Lorsqu'un nuage épais, d'une sombre étendue,
Soudain vint obscurcir les lieux que j'admirais;
Par ce beau ciel, comment peut-il donc se produire ?
A son aspect lugubre, à ses horribles traits,
L'inquiétude est là, le cœur bat, on soupire;
On crie, et le canon de toutes parts mugit.
Ah! c'est l'invasion de ce fléau funeste
Qui, tous les neuf, dix ans, sur nos terres surgit.
Par ce dévastateur, après lui rien ne reste
Sur les lieux qu'il choisit pour assouvir sa faim.
Les échos répétaient : Ce sont les sauterelles!
A leur aspect, partout la terreur est sans fin;
Mais rien n'est négligé pour se défaire d'elles.
— Nous-mêmes, revenus d'un moment de stupeur,
Rentrés à notre hôtel, avec certaine joie
J'écoutai le récit, dans toute sa longueur,
Du fléau dont chacun était encore en proie,
Et je vais, cher ami, mot à mot le conter.
« A ce fléau du ciel, rarement dix années,
» Par le dire des vieux, ne peuvent s'écouler
» Sans qu'inopinément plusieurs de nos contrées
» N'en supportent le choc plus ou moins désastreux.
» Ces sauterelles ont, sans exagérer le dire,

» Le double de grosseur de celles qu'à nos yeux
» La chaleur vient offrir, et que l'enfant désire
» Pour en faire un ébat de récréation.
» Par la Bible on apprend qu'elles prennent naissance
» Dans l'Asie et l'Afrique; en ces climats, dit-on,
» Sortes d'affreux déserts n'ayant nulle puissance
» Pour que l'insecte même y puisse demeurer,
» Les émigrations sont alors nécessaires,
» Et, selon leurs instincts, on les voit se porter
» Par monceaux effrayants en terres étrangères.
» A tel point qu'on a vu des arbres se ployer
» Lorsque leur vol s'abat. Est-ce sur une plaine ?
» Leur épaisseur dépasse au moins un pied du sol,
» Et je puis l'affirmer comme chose certaine.
» Un effroyable bruit en annonce le vol ;
» La terreur est partout; feuillages et verdure,
» Plus rien : le temps d'ouvrir et de fermer les yeux,
» Le tout leur a servi de première pâture.
» — L'histoire nous apprend qu'en ces groupes nombreux
» On y distingue un merle à la couleur de rose,
» Oiseau rare en Europe; il n'y paraît jamais
» Qu'avec ces émigrants; du vol dont il dispose
» Il fend l'air au milieu de leurs groupes épais,
» Leur livre dans la nue une guerre acharnée,
» Et sa couleur, dit-on, a dû lui provenir
» De la masse de sang qu'à chaque heure donnée
» Il se repaît, pouvant suffire à le nourrir.
» — Ces insectes cruels dans le steppe déposent
» Leurs innombrables œufs; croirait-on qu'au moment
» A peu près présumé que les petits éclosent,
» Rien ne peut empêcher leur développement ?
» Agglomérés sur l'eau d'une vaste étendue,
» Bientôt sur sa surface ils forment à la vue
» Un infect radeau qui, malgré les efforts
» Que l'on peut apporter, ravage les deux rives :

» C'est que le doigt de Dieu, jadis et comme alors,
» Ne saurait s'arrêter aux plaintes les plus vives
» Quand est venue, un jour, l'heure du châtiment!... »
— Cher ami, j'écoutais avec étonnement
Ce récit qui ferait trembler le plus habile,
N'offrant qu'un seul remède : *et se taire et gémir ;*
Chercher à s'en garer, serait-ce difficile ;
Contre les coups du sort chaque jour s'affermir :
Science, a dit le sage, ici-bas fort utile.
— Mais l'heure du retour est là qui va sonner ;
J'achève mon voyage, il en est temps, je pense ;
Je me fais une joie enfin de retourner
Près de mes animaux, des lieux où mon enfance
S'est passée en plaisirs, exempte des soucis
Que la vieillesse apporte aux cœurs même endurcis.

Épître à mon Ami.

On ne saurait tout avouer :
L'espèce humaine est ridicule,
Dit-on ; n'aimant pas à louer,
A ce devoir elle recule ;

Mais c'est peut-être naturel :
Trop tôt, trop tard elle apprécie
Ce qu'il faut dire à tel ou tel;
Met en pratique une science
Que l'on peut dire une vertu :
Celle d'observer le silence;
Alors, on n'est jamais battu.
Toutefois, pour être sincère,
Combien en est-il parmi nous
Qui professent tout le contraire?
Toujours blâmer leur semble doux.
Il faut voir et toucher pour croire,
A dit l'excellent saint Thomas;
Alors que deviendrait l'histoire?
L'extrême ne s'accepte pas :
En tout il faut de la justice;
Mais qui peut la rendre ici-bas?...
Égoïsme, adroit artifice,
Ah! sont des maîtres souverains!
Gémir est tout ce qu'on peut faire;
Les souhaits ne sont-ils pas vains?
Dans l'un et dans l'autre hémisphère
N'est-il pas un dire fatal?
Le roi des souhaits, fort malade,
A la porte d'un hôpital,
N'en pouvant faire l'escalade,
Mourut sans qu'elle pût s'ouvrir!...
Sans doute, c'est cruel à dire :
Le souhait, le moindre désir
Ne saurait nous faire sourire;
Tout est dû, pour l'homme, au hasard.
— Mais d'où me vient cette tristesse?
Au sort savoir faire la part
Est une vérité qui presse,
Qu'il faut malgré tout accomplir.

Mais arrive l'indifférence;
Alors, où vient-on aboutir?
Tout se perd, même l'espérance!...
— Sont plus heureux les villageois;
Douce amitié, ce don céleste,
Est reine sous leurs humbles toits ;
L'homme est gai, la femme modeste,
Leur famille va dans les champs;
Blondinette, à la bergerie,
Donne des soins les plus touchants;
Finette, sa chienne chérie,
Alerte, les yeux aux aguets,
Va, vient et surveille sans cesse;
L'animal, quittant les guérets,
Revient auprès de sa maîtresse
Qui se plaît à la caresser.
— Le dimanche est un jour de fête,
Dès le matin, il faut danser;
Chaque berger se met en quête
Pour préparer bouquet mignon.
Sur les coteaux, dans les prairies
Mêmes élans, où la chanson,
Exempte de ces railleries
Qui font sourire les passants,
Se trouve soudain répétée;
Naïveté, mots émouvants,
Ayant cette douce portée :
Flatter l'amour sans y songer.
Cher ami, tu vas en juger.

« Gentilles bergerettes,
» Nous voilà réunis;
» Soyez douces, follettes,
» Nos cœurs seront unis.
» L'amitié nous inspire;
» Est-il rien de plus doux ?

» Il faut chanter et rire,
» Dansons, amusons-nous.

» Dans les champs, les chaumières
» On jouit du bonheur ;
» Les grands font des prières :
» On n'y voit que le cœur.
» Mais là c'est la nature
» Qui vient nous inspirer,
» Elle qui nous procure
» L'art de tout admirer.

» Froide supercherie
» Ne se voit point chez nous ;
» Nous n'avons qu'une envie :
» Nous aimer entre tous.
» L'amour, l'hymen ensuite
» Ayant su nous lier,
» Arrive aimable suite
» Pour nous fortifier.

» Ainsi disaient nos pères,
» Nous en sommes heureux ;
» Tous, sortis des lanières,
» Chantons, faisons comme eux.
» Gentilles bergerettes,
» Nous sommes réunis ;
» Restez douces, follettes,
» Nos cœurs seront unis. »

— Ami, d'après ces chants de joie,
Qui ne saurait dire avec moi :
Seul au village se déploie
Ce qui procure doux émoi ;
Égards, affection louable
Sous le chaume sont réunis ;

Ah ! c'est là que tout est durable,
Le cœur pouvant dire : j'y suis.
— Phébus achève sa carrière,
Ma plume tremble dans ma main ;
Je n'ai plus qu'une chose à faire :
De la quitter jusqu'à demain.

Le Printemps.

CHANSONNETTE.

22 mars.

Déjà dans ma charmille
Je vois tendre bourgeon ;
Autour de moi tout brille ;
Admirable saison !
L'astre de la lumière
A rallumé ses feux ;
Tout renaît sur la terre
Et réjouit les yeux !

Sur la feuille naissante
S'abat le puceron ;
A l'aile frémissante,
Le léger papillon
Voltige avec vitesse,
Recherche simple fleur,
Et soudain la délaisse
Avec la même ardeur.

Charmant bouton de rose,
Prêt à s'épanouir,

L'attire et s'y repose,
Empressé de jouir
De son suc délectable;
Dans les airs mille chants;
Tout nous rend agréable
La saison du printemps.

Frais bouquet, dès l'aurore,
Est offert par Lucas
A Lise, qu'il adore.
L'accepter est un pas
Que l'Amour lui fait faire;
Tout s'émeut par les feux
De ce dieu de Cythère,
Comme maître en tous lieux.

Aux palais, sous le chaume,
On est fier de ses droits;
La terre est son royaume,
Et le printemps, je crois,
Seconde sa puissance.
Oui, la sève est partout;
Elle devient l'essence
Qui régénère tout.

Sous la blanche aubépine
Qui borde mon verger,
La fauvette butine
Et commence à songer
A découvrir la place
Propre à bâtir son nid,
Pour qu'il trouve sa grâce,
Car parfois il séduit.

Saison où tout s'admire,
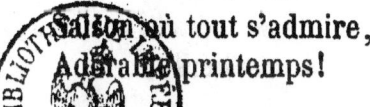Adorable printemps!

Toi qui si bien m'inspire,
Apporte à mes vieux ans,
A mes écrits encore
L'ombre de ta fraîcheur,
Ah! pour qu'Éléonore
Me conserve son cœur.

Epître à mon Ami.

Me promener, écrire étant de grands besoins,
Autant que je le puis je veux les satisfaire ;
Alors, après avoir donné mes mille soins
A mes captifs, mes geais, visité mon parterre,
Je vais courir les champs. C'est le temps des moissons;
Anecdote plaisante, Arthur, Adélaïde
Égayent les échos par leurs douces chansons;
Sur ces coteaux fleuris le cœur n'est point timide :
On chante, on danse, on rit, et le dieu des amours,
  A l'hymen toujours en attente,
Ou plus tôt ou plus tard, prépare de beaux jours.
Oui, je dois l'avouer, ce spectacle m'enchante;
De la nature, enfin, c'est le tableau mouvant
Qui fait trouver des fleurs dans le chemin aride
Qu'il nous faut parcourir parfois en gémissant,
Car le plaisir ne peut s'offrir sans cesse en guide :
Il n'en est que plus vif, se trouvant désiré.
Et tous ces moissonneurs, à la main la faucille,
Phébus dardant sur eux un feu démesuré!
Les champs sont bien garnis, tout leur devient facile;
  La sueur inonde leur front,
  Mais la gaîté n'en est point altérée;
Quand le dîner s'apporte, ils se mettent en rond,
Et, la foule une fois un peu désaltérée,

Les quolibets sont là : « Mais Lucas, nous dit-on,
» Sous peu va faire une fortune ! »
A ce mot, grande explosion !
Et toutes les voix n'en font qu'une :
« Lucas venir riche ! eh ! comment?
» — Les bans sont affichés : sous huit jours il épouse
» La fille de Manon, Fanchonnette autrement.
» Vous savez qu'elle a fait... — Oh ! oui, sur la pelouse !
» — Mais vous m'interrompez ! Elle a, par un parent,
» Fait, on peut dire, un fort bel héritage ;
» Sa toilette aussi s'en ressent :
» La crinoline est de son âge.
» — Oh ! oui, s'écria-t-on ; mais utile en ce jour,
» Elle devient un voile nécessaire :
» Telle rotondité que l'on doit à l'amour
» Passe pour le bon goût de la couturière ;
» La mode est acceptée, il faut s'y conformer.
» — Les indignes bavards !... Laissez-moi donc vous dire
» Que notre bon Lucas a su se faire aimer,
» Et, sans crainte, dit-il, que l'on puisse médire,
» Il va mettre bientôt belle canne à la main. »
— De toutes parts un grand éclat de rire !
« C'est bien ; mais il faudra que, dès le lendemain,
» On cherche... vous savez ! jeune femme accouchée...
» — Ah ! c'est trop fort, je ne veux plus parler ;
Vous poussez par trop loin une simple pensée ;
» Au travail qui nous presse, amis, il faut aller. »
— En riant et chantant, la foule, un peu moqueuse,
Aussitôt fuyait en tous sens ;
La vieillesse disait, étant plus que railleuse :
Lucas va se compter parmi les innocents.
— Deux hommes de la troupe, étant un peu sur l'âge,
Se trouvant moissonner près d'un sombre massif,
Comprenant fort bien leur langage,
Comme je me trouvais en ce moment oisif,

Non loin d'eux, et caché, je fus faire une pose.
    Un grain de curiosité
    A certain plaisir nous dispose;
    Je mis donc mon temps de côté;
J'en disposais : il était de bonne heure.
— A peine assis, un colloque assez vif
    Aussitôt me mit en demeure
    De me cacher, d'être attentif.

VICTOR.

Dis-moi donc, cher ami, comme des mercenaires
Nous travaillons ici; tant d'autres ne font rien!
    Et l'on dit que nous sommes frères,
    Que, dans ce monde, tout est bien!
Dans ces champs nous suons presque toute l'année;
Il nous faut partager le fruit de nos travaux;
Qui pourrait applaudir à cette destinée?
C'est une iniquité!... Puissent des jours plus beaux
Enfin nous arriver! Toujours dans la misère,
    Préférable serait la mort!...
Mon Dieu, pardonnez-moi cet excès de colère;
Il est le résultat d'un trop pénible sort!

ADRIEN.

A tout ce que tu dis je ne saurais souscrire :
L'égalité ne peut exister parmi nous.
Tu te plains du travail; qu'aurais-tu donc à dire
Si tu restais oisif? Il est vrai, pour nous tous,
Le bizarre destin est loin d'être le même;
Mais la similitude est encore un problème :
L'un est jurisconsulte, un autre ingénieur,
Poète ou conquérant, ou s'adonne au commerce,

Est artiste ou maçon; toi, simple laboureur.
Que dire à tout cela? Que l'homme enfin se berce
Dans tel ou tel état où le sort l'a placé.
Parmi l'immensité la conduite diffère :
La fortune sourit, flatte l'homme sensé,
   Délaisse et met dans la misère
   Le paresseux, le libertin.
   — Dieu, créant le ciel et la terre,
A dit : *Par le travail faites votre destin.*
   Tel, industrieux, économe,
   S'est acquis des propriétés;
Il n'est point laboureur : « Je te crois honnête homme,
» Dit-il à ce dernier; mes libéralités
» T'attacheront à moi; comme chez nos vieux pères,
» Fais prospérer mon bien, et les divers produits
» Seront au bout de l'an partagés en bons frères. »
Que voudrais-tu de mieux? Mûrement, réfléchis!

     VICTOR.

Je n'en ai pas besoin : la chaleur excessive
Dont nous sommes en proie et de cuisants chagrins
Agitent ma raison; elle est parfois tardive;
Mais je sais me soumettre et reconnais les freins
Qu'il faut savoir donner à la tête exaltée.
Oui, le propriétaire a donné son argent
Pour acquérir un bien, et la somme acquittée
Doit lui porter un fruit, bien naturellement,
Sans qu'il soit obligé de nous fournir son aide;
   Par ta sage observation,
   Tu m'as donné le bon remède
   Pour revenir à la raison.
   Près de nous est une bouteille;
Cette grande chaleur soudain échaufferait
   Cette liqueur bienfaisante et vermeille,

En vinaigre elle deviendrait ;
Vidons-là ; puis la chansonnette,
Qu'il nous faut soudain entonner,
Réveillera jeune fillette
Qui se dira tout bas : « A moissonner
» Le temps s'enfuit sans la moindre querelle,
» Et le jour désiré, le fameux jour du mot
» Qui nous ôte à jamais celui de demoiselle,
» Viendra se prononcer *sans qu'on dise trop tôt.* »
Eh bien, cher Victor, pour te dire
Que j'approuve tes sentiments,
Comme toujours, près de moi j'ai ma lyre,
Me voilà prêt à commencer mes chants :

« Le destin sans doute est bizarre,
» Amis, pour un chacun de nous ;
» Aussi, dans le monde il est rare
» De ne point trouver des jaloux.
  » Mais, à ce mal, que faire ?
  » Ce que dit la raison :
  » Voir, écouter, se taire
  » Et sans cesse être bon.

» Arthur, dans son bel équipage,
» Jette la poussière aux passants ;
» Il est riche et c'est de son âge ;
» Sur ses pas il est des méchants !
  » Si c'est un mal, qu'y faire ?
  » Ce que dit la raison :
  » Voir, écouter, se taire
  » Et sans cesse être bon.

» Par sa simplesse on citait Laure ;
» Il s'est produit un changement :
» Le bel Arthur, dit-on, l'adore ;
» Quel en sera le dénoûment ?

» Serait-ce un mal, qu'y faire?
» Ce que dit la raison :
» Voir, écouter, se taire
» Et sans cesse être bon.

» Jadis on a dit : la fortune
» Ne saurait trop se définir,
» Et la science peu commune
» Est de savoir la retenir.
» Pour réussir, que faire?
» Ce que dit la raison :
» Voir, écouter, se taire
» Et sans cesse être bon.

» Fillettes qui prêtez l'oreille
» Aux chants d'un simple moissonneur,
» Prenez part à cette bouteille
» Qui renferme douce liqueur.
» Le mal ne peut se faire,
» En voilà la raison :
» Boire, écouter, se taire
» Sont des fruits de saison.

» Poètes, savants font un livre
» Qui, parfois, leur donne un renom;
» Un chacun d'eux en devient ivre;
» Est-ce un orgueil? ah! je dis non.
» Serait-ce un mal, qu'y faire?
» Ce que dit la raison :
» Voir, écouter, se taire
» Et sans cesse être bon.

» Nous, c'est par notre intelligence
» Que nous grandissons ici-bas;
» Pour nos maîtres même constance :
» Honnêteté, ne trompons pas!...

» Avec ce savoir-faire,
» Dicté par la raison,
» Nous saurons toujours plaire :
» Ce charme est de saison. »

— Après mille bravos, on se mit à l'ouvrage;
      Partout la gaîté, le courage
      Brillaient dans ces cœurs échauffés
Par le jus de la treille et vive chansonnette;
      Des couplets étaient répétés :
Pour tous ces villageois c'était un jour de fête.
    — Sur moi Phébus dardait ses feux,
L'heure de mon repas se trouvait dépassée;
      Je quittai ces aimables lieux,
      Conservant bien douce pensée
De ce que j'avais vu, des meilleurs sentiments
Exprimés par Victor. Mais, sans la moindre peine,
Annette m'attendait; tendres embrassements
Échangés furent prompts : sa joie était la mienne;
Et le repas servi, vin de Bordeaux bien frais,
Café, vieille eau-de-vie, aimables quolibets,
Le tout me plut, fera que je dirai sans cesse :
Dieu laisse quelque chose encore à la vieillesse !

Charade.

Un ruban électrise. Il en est bien ainsi
      D'une certaine particule;
      L'un et l'autre, en ce siècle-ci,
Font florès, on peut dire, et Damis ne recule
A les solliciter. La seconde pourtant
      Peut s'obtenir l'homme venant au monde;

De ma charade, enfin, j'en fais en ce moment,
Cher lecteur, mon premier, et cela sans faconde.
— Ah! mon second est un bienfait
Que dame nature nous donne;
Sans lui, pour nous, rien ne serait;
La beauté n'aurait rien de ce qui la façonne;
Seul, l'ennui nous dominerait;
Damis ne pourrait point cueillir charmante rose
Qu'il se plaît à donner à l'objet de son choix.
Phébus, le ciel d'azur, tout ce qui nous dispose
A chérir, à louer maintes et maintes fois
Ce qui peut émouvoir dans le cours de la vie,
Deviendrait moins qu'un rêve : un rêve se produit
Par une émotion ou plus ou moins suivie,
Et mon second n'aurait rien de ce qui séduit.
— De mon entier que puis-je dire?
Trop de gens parmi nous le mettent de côté;
Au nombre des vertus, pour l'homme qui désire
Glorifier son nom dans la société,
Devrait la classer la première;
Mais l'indolence est là, les vices si nombreux,
Qu'on la croit si peu nécessaire
Qu'on l'ignore, même en hauts lieux.

Autre.

Dans les vergers, les champs se trouve mon premier;
Comme tout, ici-bas, plus ou moins il diffère
En beauté, qualité; se fait apprécier
Par ses divers produits. Ornement de la terre,
L'homme surtout et les milliers d'oiseaux
Le prennent comme indispensable.

— Mon second nous émeut et, par lui, les échos
Ébruitent ce que l'on ne veut dire qu'à table;
    Les amoureux, surtout les malfaiteurs
Le redoutent parfois, car, pour eux, le silence
Est le seul bien qui peut leur offrir des douceurs.
— L'excès de mon entier est de l'extravagance,
    Vice honteux qui nous conduit à tout,
    Au déshonneur et, plus tard, à la ruine;
    Alors disons, amis, comme partout :
Avec la tempérance on acquiert bonne mine.

Autre.

Au bas de la colline où serpentent les eaux,
Surtout en la saison où la céleste flamme,
Celle du blond Phébus, vient réjouir notre âme,
    Mon premier s'offre des plus beaux :
Une variété que l'on peut dire exquise,
Et due à la nature à quelque chose près,
    En fait une richesse acquise
A l'aide de bien peu de travaux et de frais.
    — Tout effet d'une folle idée
    Seul peut donner naissance à mon second.
    — Mon tout, quand l'âme est bien guidée,
    Peut s'apprécier comme un don :
Il anticipe et parfois atténue
Une joie, un malheur; cette distinction,
Néanmoins, ne saurait qu'être plus tard connue.

Autre.

L'alphabet à la main, mon aimable lecteur,
Je vois que les troisième et quatrième lettre
Sont un bien simple mot dont on se fait honneur,
Lorsque devant son nom on peut se le permettre.
— De mon second je dois, en consultant Bacchus,
   En faire le plus grand éloge ;
Il me flatte moi-même, et je dis : encor plus
Lorsqu'une aimable main dans mon verre le loge.
   Mon tout est un être plaisant,
   Et même, on peut le dire, habile ;
   Il sourit en vous amusant
Et finit par se faire accepter comme utile.

Autre.

 C'est, cher lecteur, dans une des voyelles
   Que tu trouveras mon premier.
— Petite hutte faite avec maintes parcelles
Des bois que l'on ouvrage, on forme mon dernier.
   Au bûcheron il est utile ;
Le fisc n'a pas eu, cela pourra venir,
   Le revient serait-il futile,
Le soin de le taxer : non loin est l'avenir !
Oublier n'est pas dire : *à jamais je renonce*,
   Car ce dernier prend des proportions
Où le luxe apparaît, alors, qui le dénonce.
Le plaisir, tel qu'il soit, veut des prévisions ;

L'incognito plaît au théâtre.
Avez-vous des chevaux? Évitez le danger;
L'amitié, l'intérêt font croître
Le besoin de bien les loger.
— De mon entier que puis-je dire?
On le trouve aimable, flatteur;
Sans le solliciter, sans cesse on le désire;
En lisant mes écrits, un seul, partant du cœur,
Me ferait écrier : Ah! je crois au délire!

Autre.

Amis, un instrument sonore est mon premier;
Aux échos d'alentour souvent il fait redire
Ces chants, ces airs joyeux dont parfois le dernier,
Avec entraînement, surtout le soir, fait dire :
Chasseur aimable, encore! encor!
— A mon Emma, c'est avec joie
Que je fais mon second; à rechercher d'abord
L'objet qui peut lui plaire est le soin que j'emploie,
Et j'en ressens le prix en lisant dans ses yeux.
— En faisant mon dernier, parfois vous pouvez plaire;
Mais il est un vice honteux
Si vous pouvez le croire à jamais nécessaire.
— Mon tout est un état; le pauvre, l'opulent,
De son produit font un fréquent usage;
Tel qui s'y livre offre au premier chaland
Un bon, parfois un médiocre ouvrage;
N'en est-il pas ainsi de tout?
On se trompe et l'on rit : c'est de même partout.

Autre.

Contemplez cette haie, et surtout au printemps :
  Quelle fraîcheur ! La suave aubépine,
La couronne de fleurs aux bouquets odorants,
Bien souvent sous les doigts on y trouve l'épine ;
  Mais le plaisir est-il donc toujours pur ?
Pour le goûter il faut ressentir une peine ;
   C'est un dogme, on le trouve dur.
  Est-ce une charge ? Ah ! qui n'a pas la sienne ?
Le modeste animal dont je fais mon premier,
Avec avidité, chaque jour, la dévore ;
On le chasse, et bientôt il y revient encore.
   Deux voyelles sont mon dernier ;
  De mon premier naît mon entier.

Autre.

Voulez-vous acheter même la moindre chose ?
  Vous exprimez aussitôt mon premier.
Ce mot serait bien doux si, me trouvant en cause,
Emma le prononçait ; on pourrait envier
La joie et le bonheur d'une âme satisfaite.
— Ce premier répété, semblable à mon dernier,
Ah ! me ferait goûter le charme de l'ivresse.
Si tel ou tel objet, ou plus ou moins vous presse,
Il n'est qu'un seul moyen : de faire mon entier.

Autre.

Dans les maisons, les champs, on peut dire en tous lieux,
Avec tenacité mon premier se présente;
   On lui fait bien une guerre incessante;
Son nombre, toutefois, en est prodigieux.
   — Sans mon second que serait la nature?
      Hélas! tout, oui, tout périrait!
   Les prés, les champs n'auraient plus de verdure;
Phébus, dans l'univers, alors n'éclairerait
Qu'un immense tombeau recouvert de poussière.
— Mon tout est un outil chaque jour nécessaire,
Surtout au jardinier qui se fait un devoir
De bien approprier, d'égaliser sa terre;
Lui-même le façonne, en ayant le pouvoir.

Autre.

Dans mon style, lecteurs, je cherche mon premier;
Ah! si vous l'y trouvez, alors, l'âme ravie,
Avec bien plus de goût je ferai mon dernier,
   Et doucement s'écoulera ma vie.
— La divinité seule embrasse mon entier.

Bluette.

   Lorsque j'arrive à la page trois cents
Je me dis : halte-là!... convention exige.
Mes chers lecteurs et vous, combien de bâillements
   Si vous lisez ce soi-disant prodige

De patience! Il est vrai, c'en est un.
Enfin, que voulez-vous? chez l'humaine nature,
Chacun se fait un rôle, ou plus ou moins commun;
  C'est une bonne ou mauvaise aventure.
Divine poésie et le doux quant à moi,
Pour mon compte me font encor trouver des charmes.
La vieillesse assombrit ce qu'on voit près de soi;
Mais, par bonheur, depuis que j'ai changé mes armes,
Qu'un énorme cahier, me servant de brouillons,
 Plume, écritoire ont remplacé l'épée,
  Les jours me paraissent moins longs.
— J'aime, soir et matin, à faire une équipée;
 Les échos d'alentour, plus ou moins variés,
Me rapportent les chants de gentes pastourelles;
A leurs aimables jeux, les bergers conviés
  Chantent, folâtrent avec elles.
Une joie animée et décente surtout;
 Les blancs troupeaux paissant l'herbe fleurie;
Fauvettes, rossignols, ces oiseaux qui partout
  Donnent un charme et font aimer la vie;
Ces champêtres tableaux, ne le voudrait-on pas,
Inspirent la gaîté, font dire même aux sages:
  « Le bonheur se goûte ici-bas
» Dans la variété que l'on porte aux ébats,
  » Ah! surtout dans ces premiers âges
» Où l'on ne voit briller que la simple amitié. »
— Les pénibles hivers passés sur cette terre
Pourraient bien m'inspirer et douleur et pitié;
 Mais on a dit : Le mal est nécessaire,
  Il fait apprécier le bien;
  Alors, le passé, je l'oublie;
  Et, rechercher dans le présent,
  Même dans l'aimable folie,
Ne serait-ce, en un mot, que le délassement,
  A droit de me faire sourire.

— Mais qu'entends-je? L'écho malin
Répète un chant, il me faut le redire;
C'est un pauvre berger se plaignant du destin :

CHANT.

« Quel est mon sort dans cette vie?
» Peines et tribulations!...
» Je viens de servir ma patrie;
» Pour le prix de ces actions
» Qui signalent le militaire,
» On m'a donné la croix d'honneur;
» Oh! oui, ma poitrine en est fière!
» Dès lors, j'ai goûté le bonheur.

» J'arrive : hélas! quelle tristesse!
» Ah! je suis comme un insensé!
» Un mot, un serment de tendresse,
» Un beau jour s'était prononcé.
» Après sept ans de dure absence,
» Je reviens dans ces lieux chéris
» Où les souvenirs de l'enfance
» Ne devaient m'offrir que des ris.

» Grand Dieu! quelle désuétude!
» Emma chérie, hélas! n'est plus!...
» Mille douleurs, l'inquiétude,
» Des vœux formés et superflus
» Ont altéré, brisé son âme;
» Comme la lampe qui s'éteint,
» Lançant un dernier jet de flamme,
» D'Emma se déplore la fin!...

» Le lieu qui la cache à ma vue
» Sera paré de cette fleur

» Qui ne saurait être inconnue
» Et surtout par mon tendre cœur.
» Cette fleur sera l'immortelle;
» Aux passants elle montrera
» Que son âme, blanche comme elle,
» Aux fiers autans résistera;

» Que je serai toujours le même.
» Emma, mon cœur était à toi;
» Hélas! tu n'es plus, mais il t'aime :
» Il te conservera sa foi.
» Le souvenir est jouissance
» Que rien ne saurait altérer;
» Durant ma pénible existence,
» Près de toi je viendrai pleurer. »

J'écoutais, mais l'écho conservait un silence
  Que commandait une triste douleur,
Et qui, sans le vouloir, assombrissait mon cœur.

Anecdote historique & morale.

  Près le marché Saint-Honoré,
  A Paris, dis-je, la grand'ville,
Dans un de ces réduits où l'homme est retiré
  Par une économie utile,
  Vivait un honnête ouvrier.
Cette maison était plusieurs fois centenaire;
  Le luxe était loin d'y briller,
Les réparations toujours restant à faire.
  Au sombre étage et le plus élevé
Habitait donc Lucas. Cette honnête famille

Avait déjà, dès longtemps, éprouvé
Un de ces coups où l'affreux destin brille :
Mère de cinq enfants, jeune et belle d'atours,
Lise gardait le lit; elle était bien souffrante.
Ce n'était pas assez : Lucas, depuis huit jours,
Avait fait une chute, et sa main tremblotante
L'empêchait de vaquer à ses travaux nombreux;
Tout son corps se trouvait en état de souffrance;
Aussi le même lit les reposait tous deux.
Comment pourvoir à l'existence?
Lucas seul travaillait; que faire pour manger?
— Parmi les cinq enfants de ce couple en détresse,
Une fille aux yeux bleus, la voir pour la juger,
Vive, aimable par sa simplesse,
Intelligente au dernier point,
Depuis nombre de jours n'allait plus à l'école;
Soigner ses bons parents devenait un besoin;
Mais il fallait du pain : c'était le triste rôle!...
— « Quand vous êtes dans le chagrin,
» A Dieu puissant, dit-elle, il faut que l'on s'adresse;
» La sœur institutrice, encor ces jours derniers,
» En faisait un devoir : j'obéis et m'empresse
» D'écrire pour qu'il soit reconnu des premiers.
» Maman m'a fait écrire à ma marraine
» Pour le jour de sa fête; encor j'ai du papier,
» Surtout le bon vouloir où disparaît la peine,
» N'ayant, je crois, qu'à copier. »
— Aussitôt que pensé, l'aimable Blondinette
Cherche et met la plume à la main;
La demande n'est pas, à son goût, assez nette :
Elle rature, ajoute; enfin,
Le tendre écrit devient passable,
Mais en blancheur il était détestable.
— Ses parents sommeillaient; alors, furtivement,
Hors de la chambre elle se glisse,

En l'église Saint-Roch arrive en haletant.
Pour elle ce trajet était un artifice;
Mais l'espoir souriait en cet honnête cœur :
   « Ah! si je puis, encor si jeune,
   » Devenir le réparateur
   » D'un sort qui nous réduit au jeûne,
   » Dieu, mes parents m'en sauront gré. »
— En prononçant ces mots comme tendre prière,
Vers le tronc reconnu l'humble dépositaire
De l'aumône que fait l'homme bien inspiré
A l'être qui ne peut se procurer lui-même
   Ce qu'il lui faut pour se nourrir;
Cet ange de bonté, dans son amour extrême,
Pensait que vers ce tronc il lui fallait venir
   Pour y déposer sa missive,
Seul lieu pour qu'au Seigneur elle pût parvenir.
C'était son grand désir; sa démarche craintive
Inspira tout d'abord un sentiment d'effroi
A madame Angélique, une dame, on peut dire,
Chrétienne et vertueuse, abandonnant le soi
A la société dont l'art est de médire;
Vivement s'approcha près de la pauvre enfant,
   Lui croyant un dessein coupable,
  Et par le bras l'arrête en lui disant :
— « Vos traits font supposer que vous êtes aimable;
» Mais auprès de ce tronc, bourse des malheureux,
   » Dites-le-moi, qu'allez-vous faire? »
   — Effrayée et baissant les yeux
D'où ruisselaient des pleurs, cette fille si chère
   Restait muette; toutefois,
Sur maintes questions, vivement répétées,
Blondinette tenant sa lettre dans ses doigts,
A cette dame fait connaître ses idées
   Et les malheurs qui pèsent sur les siens.
   — « A Dieu ma lettre est adressée;

» Croyant que cette boîte était celle des saints,
» J'allais l'y déposer : telle était ma pensée. »
  — La bonne dame, attendrie à ces mots,
Doucement consola la charmante petite,
Et lui dit : « Je me trouve en ces lieux à propos;
» Je m'intéresse à vous; alors, je vous invite
   » A me remettre ce papier,
   » Il aura pleine réussite;
   » A moi veuillez vous confier.
   » Pour qu'une réponse soit faite,
» Il faut que votre adresse y soit mise avec soin. »
   — La pauvre fille, stupéfaite
D'un colloque imprévu, sans avoir le besoin
De la réflexion, répondit à la dame :
   — « *On m'a dit que Dieu savait tout;*
» *Qu'il approfondissait les secrets de notre âme;*
  » *Alors je n'ai rien mis, craignant surtout*
» *Que cette attention aurait pu lui déplaire.*
» — Dieu sait tout, mon enfant; c'est une vérité
  » Qui vous sera sans cesse nécessaire,
» Lui dit la dame avec un air plein de bonté;
  » Mais celui qu'il chargera de répondre,
» Sans doute, ne saurait posséder son pouvoir;
   » Facilement on peut confondre
» Telle ou telle personne, et ce, sans le vouloir. »
  — L'enfant comprit, indiqua la mansarde
Où se trouvaient logés les auteurs de ses jours,
Et, disant à la dame : *Hélas! que Dieu vous garde!...*
   Elle s'en fut, courant toujours.
   — Le lendemain, lorsque l'aurore
   Eut ouvert la porte des cieux,
Que le bruit des passants, de plus en plus sonore,
   Annonçait un jour radieux,
   Un vif tintement de sonnette
Réveilla, fit descendre aimable Blondinette.

— Quelle surprise! un immense panier
Contenant des effets d'enfant, de femme et d'homme,
Linge, sucre; en argent, une assez forte somme;
    Pour que ce tout ne pût se délier,
    Une ample carte, avec grand soin cousue,
    Le contenait, avec suscription :
        Votre demande est bien conçue;
        Voilà de Dieu puissant et bon
        La réponse bien méritée.
— Un médecin, quelques heures après,
    A cette famille alitée
Donnait des soins par des ordres exprès.

CONCLUSION.

On le dit et c'est vrai : notre siècle est mauvais;
    Semblable à la pierre philosophale,
Le cœur sensible et droit est encore inconnu,
Et le trouver serait un sublime impromptu.
Cette simple anecdote, à ce dire est fatale
    Comme une heureuse exception;
    Si la lettre de Blondinette
N'est pas montée au ciel, sa destination,
Et si douce vertu s'est montrée en cachette,
Au moins elle offre un cœur plein d'admiration.

Épître à mon Ami.

24 avril 1862.

Ami, depuis longtemps j'ai cessé de t'écrire;
T'en donner le motif, je dois m'en abstenir;
Tu sais l'apprécier : je suis vieux, et ma lyre
En ressent les effets. Hélas! tout doit finir;
C'est la suprême loi qui régit la nature;
Mais elle a des saisons qui la font admirer :
Le soleil du printemps la vivifie, apure
Ce que le sombre hiver a pu dénaturer.
Voyez ces verts tapis aux couleurs éclatantes,
Ces gazons émaillés par des milliers de fleurs
Qui progressent sans soins; ces tiges tremblotantes
Au souffle du zéphir, charmes des spectateurs,
Imitant de la mer, par le vent agitée,
Cette ondulation qui fait dire à chacun :
Ainsi, du genre humain, la vie est ballottée,
Et c'est de la nature un résultat commun.
Mais, pour nous, le printemps ne saurait le produire;
Les instants écoulés ne sont plus rien pour nous.
Ah! dans notre printemps, le soleil vient y luire;
Parfois, celui d'été peut nous paraître doux;
Quand notre automne arrive, une ombre de tristesse
S'empare de nos sens; ah! plus d'illusions :
C'est l'hiver qui nous vient, c'est l'affreuse vieillesse
Qui nous dit en tremblant : Rassemble tes tisons!...
C'est alors une fin ou plus ou moins cruelle;
Faut-il en ressentir des peines, des regrets?
Jadis le sage a dit : Une vie éternelle
Est promise à celui qui n'a failli jamais.

Eh bien! la mériter, sans doute, se désire;
Pour réussir, que faire? Ah! la docte raison
Nous montre le travail; c'est, je pense, nous dire
Que c'est l'âme de tout! Plaisir, distraction
Se trouvent avec lui; plus tard, la Renommée
Porte dans l'univers les travaux et le nom
De celui qui, sans cesse, eut sa vie animée
Par le puissant besoin de l'éducation;
Alors, dans la vieillesse on peut encor sourire.
Si le dieu de Paphos ne vous caresse plus,
A la face vermeille, un autre vous inspire,
Dissipe votre ennui : toujours chantant, Bacchus
Vous offre sa liqueur qui vous flatte, réveille
Aimables souvenirs d'un printemps disparu,
Laissant encore un charme à l'âme qui sommeille,
Qui soupire : *Sitôt passé! l'aurais-je cru!*...
Mais jusqu'au dernier souffle encor le cœur inspire;
Emma, je ne saurais, non, jamais t'oublier;
Les désirs effacés, ton seul nom me fait dire :
Heureux quand on a su, comme moi, se lier!...

  Dès que l'aurore matinale
  Vient m'annoncer un nouveau jour,
  Emma, ma joie est sans égale :
  Je me rappelle cet amour
  Que l'amitié cimente encore.
  Aller t'offrir un frais bouquet
  En te répétant : Je t'adore,
  Du ciel est un nouveau bienfait.

  Ces fleurs que pour toi je rassemble
  Sont l'emblème de ta fraîcheur;
  C'est unir ce qui se ressemble,
  Effet inspiré par le cœur.
  Chez lui, le goût se voit sans cesse;
  Mû par un si doux sentiment,

Il met de côté la vieillesse ;
J'en souris et je suis content.

Tu me verras toujours le même,
Rien ne peut me faire changer;
Pour moi ton amour est extrême :
Je ne saurais donc déroger.
L'amitié, sentiment sincère,
Est le seul que je puisse offrir;
Je sais qu'il doit te satisfaire,
Qu'Amour ne saura m'en punir.

Alors, mon cher ami, tu vois que la vieillesse
    Cherche à prouver jusqu'à la fin
    Que souvenirs de la jeunesse
Laissent encor jaillir la bluette d'entrain.

Épître.

Eh bien! mon cher ami, comme à mon habitude,
Pour toujours te prouver que mon cœur est à toi,
Je laisse de côté l'horrible lassitude
D'une chaleur tropique, et, le cœur en émoi
Par la franche amitié qui sans cesse m'inspire,
Ma plume se reprend avec ce vif besoin,
Ne pouvant te parler, du moins pouvoir t'écrire,
Et te mettre au courant de ce qu'en certain coin
On dit, surtout celui qu'habite la commère.
Y passant ce matin, j'entends : « Monsieur, monsieur,
» Depuis que la chaleur est extraordinaire,
» Si vous vous trouviez là, vous ririez de tout cœur;
» Non, sur notre théâtre, il n'est pas comédie,
» Mais entendons-nous bien, celle du carnaval,

» Qui pourrait amuser, fût-elle en parodie,
» Comme ce que l'on voit; rien, non, rien n'est égal.
» Un certain char-à-banc... il faut que je vous dise
» Qu'il n'est pas à l'instar de ceux que l'on citait
» A Rome, en Grèce, où l'or brillait à chaque frise,
» Comme dans le palais qu'un seigneur habitait ;
» Le véhicule est simple au point que la bergère,
» Car l'orgueil, ce géant, se présente partout,
» N'oserait l'employer pour aller dire et faire
» Dire le oui; parfois, faire un très mauvais coup.
» Enfin, matin et soir, à certaine vitesse,
   » Vitesse de quatre chevaux
» Usés par la fatigue, et non par la vieillesse,
» Il traverse la ville, et de grands écriteaux
» Annoncent au public que c'est à la rivière
» Que le trajet se fait pour qui veut se baigner.
» Une corne ou clairon, une voix assez claire,
» Tout s'agite à la fois : *Il fait chaud! se soigner,*
   » *Croyez-le bien, est nécessaire;*
   » *Prenez place, montez, montez!...*
» Qu'arrive-t-il souvent? Tout est pris, point de place ;
» On se gêne, on se presse, et l'on dit : c'est assez!
» On monte tout de même; en un mot, on se lasse
» Lorsque l'on croit aller calmer un peu ses sens,
» Car les pauvres genoux deviennent des banquettes.
» Un peu de complaisance encor quelques instants,
» Le bain délassera; vos tendres chansonnettes
» Feront tout supporter, si ce n'est oublier.
   » — Du conducteur, qui sait tout allier,
» Telles sont, tous les jours, les semblables paroles.
» Là, rien n'est à blâmer; l'industrie a besoin
» De se faire valoir; légères fariboles
» Valent bien les discours de ces maîtres d'écoles,
» Même lorsqu'ils seraient débités avec soin :
» Le naturel toujours a le doux avantage

» De faire rire et d'amuser;
» Que saurait-on vouloir dans notre court voyage?
» — Comme vous pouvez disposer
» Des longs moments de la journée,
» Voyez donc par vous-même, et vous m'en saurez gré,
» De tout ce qui se fait en chaude matinée,
» Soit dans le véhicule ou sur le certain pré
» Où filles et garçons se déposent en joie
» En voyant la rivière au cours silencieux,
» Où leur agilité sans tarder se déploie.
» Toutefois, pour les pieds, ils en sortent boueux,
» L'endroit pour prendre un bain se trouvant détestable;
» Cela doit être ainsi dans le beau Limousin,
» Surtout dans une ville où tout le désirable
» Est au rang qui n'est pas le sien.
» C'est fort mal; mais changer les mœurs, les habitudes,
» Dieu puissant ne saurait, je crois, y réussir.
» Dilapider sans goût; comme bonnes études,
» Entreprendre beaucoup, attendre pour finir,
» Que cela veut-il dire?... Il faut que je m'arrête,
» Du silence on a fait la vertu de nos jours;
» Oui, mais la conscience a tôt ou tard son cours,
» Et pourra bien ne pas rester toujours muette.
» Enfin, mon beau monsieur, voilà le char-à-banc;
» Prenez place, et bientôt, oh! oui, vous allez rire. »
— Je m'élance d'un bond, sans trop savoir comment
Je pourrai me placer; on chuchote, on soupire;
Qu'arrive-t-il enfin? Je me trouve installé
Sur deux, quatre genoux, parfaitement à l'aise.
On riait, on chantait; mais, nouvel appelé
A goûter un plaisir, où?... dans une fournaise;
Triste, on riait encor plus :
Je suis sur le tapis, ai-je pensé de suite.
J'en cherche le motif, alors je fus confus;
Je me trouvais assis sur des genoux d'élite :

Éléonore, Emma supportaient mon lourd poids!
Les chevaux, au grand trot, nous traînaient vers la Vienne;
Mais que dire et que faire!... « Ah! pardon mille fois!
» Vous devez bien souffrir, je le vois avec peine;
» Mais il nous faut changer cette position,
» Vous en serez bien mieux; acceptez, je vous prie. »
  On applaudit à cette attention,
    Et mon âme en fut attendrie.
— Le vent, par trop actif, agitait les mouchoirs,
Mettait à découvert, mais je ne dois que dire
Certains charmants objets ayant bien leurs pouvoirs;
Par la vue, oui, j'avais ce que le cœur désire,
  Et c'est beaucoup, surtout lorsqu'on est vieux.
Le trajet fut trop court; mais, comme rien ne dure,
  Je ne pouvais en être soucieux.
Le parti d'un chacun fut pris à l'aventure;
A l'instant je fus seul, ce qui me convenait.
Être spectateur sur une telle scène
Devenait une joie et qui se comprenait.
L'habillement, sans crainte, aussitôt se laissait;
Chemises, caleçons au moins gazaient l'obscène;
  Simple fichu, n'importe la couleur,
Se plaçait à la hâte; il était nécessaire :
Parfois, jeune fillette observe la pudeur,
Sait que l'objet caché se désire et sait plaire!...
— Non, rien n'est curieux comme ces mouvements
Et cette hilarité produits à la minute;
Sérieux, j'en riais à m'en serrer les flancs;
Mais ce n'était pas tout; comme rien ne rebute
Dans ces joyeux ébats, j'en voulais voir la fin.
Sur une longue ligne, et vieillesse et jeunesse,
Tout en se secouant, sortant du sale bain,
Soudain cherchaient des yeux le minime butin
Pour vite se vêtir. Fillette avec adresse
S'accroupit, car il faut de chemise changer

Et de mouchoir aussi; malgré sa promptitude.
Des yeux quêteurs sont là, tout ne peut se cacher;
Réussir, ce serait une pénible étude :
La pauvrette, je crois, n'ira plus se baigner.
— Une fois habillés, caleçons et chemises,
De la part d'un chacun excitent des propos :
« Dieu! quelles saletés! où donc nous a-t-on mises?
» Une rivière avoir de telles eaux!...
» Disaient en souriant maintes filles gentilles;
» Nous ne reviendrons plus dans cet horrible lieu;
» Se salir ne saurait passer pour des vétilles.
» L'autorité devrait... quelle est-elle, mon Dieu?
» Propre à fermer les yeux et faire ouvrir la bourse!...
» Le char-à-banc arrive, entendez les grelots! »
    — Avec vitesse un chacun prend la course;
Je suis la foule, arrive et par bonds et par sauts;
    Quelle n'est pas ma joie inespérée!
    Près d'Éléonore et d'Emma
Je me retrouve assis. Heureuse destinée!
    Cette faveur du destin m'anima;
    J'avais à mon côté ma lyre,
Et, le cœur satisfait, je me mis à chanter.

    Bien doux plaisir peut se goûter
    Sans que l'on cherche à le produire;
    Le destin vient le présenter,
    Et l'on est heureux d'y sourire.

    Ce matin, dès l'aube du jour,
    Je goûtais fraîcheur salutaire;
    Tout me souriait dans le tour
    Que je faisais de mon parterre.

    La rose éblouissait mes yeux;
    Philomèle, la fauvette,

Par leurs concerts mélodieux,
Rendaient mon âme satisfaite.

Bientôt la curiosité,
Ce pressant besoin de la vie,
Me conduisant vers la cité,
Me fait dire qu'elle est ravie.

Je venais de quitter des fleurs;
Près de moi j'en vois de plus belles;
Éléonore, Emma, les cœurs
Pourraient susciter des querelles.

Je suis seul à vous admirer;
Vous le dire, que dois-je craindre?
*Vieillard, vous pouvez soupirer;
Notre devoir est de vous plaindre.*

— Les chevaux s'emportaient; chacun rentrait chez soi
Ou plus ou moins charmé des heures écoulées;
Encore bientôt seul, je me suis dit : Pourquoi
De tels moments si doux? où sont-elles allées?...

Un Voyage.

(1862.)

Pour chasser un ennui qui parfois me dévore,
Libre de mes moments, par la distraction
Que je puis me donner pouvant trouver encore
L'ombre de ces plaisirs procurant l'action

Au corps, surtout à la pensée,
Ces jours derniers je me suis dit : Eh bien!
L'excessive chaleur, Annette, étant passée,
Allons faire un voyage et partons dès demain.
Fais les malles ce soir, et soudain La Rochelle
Se montrera splendide à nos regards surpris ;
La mer et ces vaisseaux, l'activité, le zèle
De tous ces matelots ; partout ces mille cris
Et cette activité d'un immense commerce
Donneront à mes sens ce précieux entrain
Qui, lorsque l'on est vieux, avec peine nous berce,
Même n'osant faire espérer demain.

Douce gaîté que l'on envie,
Pourras-tu donc m'abandonner ?
Ah ! jette encore sur ma vie
Le charme que tu sais donner.
Si le dieu d'amour me délaisse,
Vive gaîté, tendre amitié,
Étant vieux, à vous je m'adresse :
Accordez-moi de la pitié !...

— Mais le sifflet de la locomotive
Aux voyageurs annonce le départ;
Avec empressement de partout on arrive;
Annette, allons, pour nous point de retard.
— Avec vélocité tout s'échappe à la vue :
Arbres, villes, maisons ne font que tournoyer;
L'espace disparaît, est semblable à la nue
Que les vents savent balayer.
— Nous voilà dans ces lieux, dans cette immense ville
Que l'univers contemple, et, par position,
Surtout comme un climat fertile.
En faire la description
Serait, à mon avis, un travail inutile,

N'aurait assurément qu'un bien faible intérêt.
Je vais m'y promener avec charmante Annette,
Et questionnerai, car j'aurais un regret,
  Invitant dans ma maisonnette
  En temps et lieux quelques amis,
  De ne pouvoir les faire rire,
Rapporter les on-dit : un tel s'est compromis;
On parle des amours de la jeune Zelmire !
  Tant de choses dans les pays
Qui peuvent émouvoir et même vous instruire;
  Tel ou tel acte, ou plus ou moins plaisant,
  Fait que l'on passe la journée
  Sans l'ennui du désœuvrement,
Et sème quelques fleurs sur notre destinée.
  — Un type est propre au voyageur,
Et sa tête et ses yeux, en un mot tout s'agite;
Il voit, ce n'est pas tout : être questionneur
Est un besoin; aussi, poliment il invite
  A lui donner des explications,
Pour qu'il puisse applaudir à tel ou tel mérite.
— Un de ces affidés dont les professions
  En tous les genres sont utiles,
  Nous accostant : « Vous êtes étrangers;
   » Pour rendre vos courses faciles,
   » Nous, gens à fort petits loyers,
   » De jour, de nuit, nos domiciles
» Étant les carrefours, surtout les cabarets,
   » Je me donne à votre service
   » Pour trois francs, et je vous promets
» Que vous serez contents du mince sacrifice;
» Comme la dame blanche, on sait tout avec nous;
» Rien ne peut se cacher, car même on le devine.
» — Eh bien ! nous acceptons; comme je suis jaloux
» D'utiliser le temps qu'en ces lieux je destine,
  » Nous sommes prêts à vous suivre partout... »

— Je laisse un vain détail; ayant bonne mémoire,
        Plus tard, les beautés, enfin tout
Pourra nous faire rire, et nous porter à croire
Que nous sommes encor dans ces bruyants wagons
        Nous transportant à La Rochelle.
Phébus disparaissait, et ses faibles rayons
        Doraient à peine au loin les monts,
Et l'astre de la nuit, d'une clarté nouvelle,
        Allait donner au voyageur
        Un appui toujours nécessaire.
« A demain de bonne heure, aimable conducteur;
  » Pour aujourd'hui voilà votre salaire; »
        Et nous rentrâmes à l'hôtel.
— Le souper était prêt, nous nous mîmes à table;
        Avec goût, le tout était tel
Qu'on l'avait commandé; l'hôtesse fort aimable,
        Et nous d'un brillant appétit :
Alors notre fatigue était passée en songe.
    Bon vin, liqueurs, tout vint à petit bruit,
Et la gaîté qui dit : La tristesse est mensonge;

        Pourquoi penser au lendemain?
        Du présent seul l'homme dispose :
        Ainsi le veut le fier destin !
        L'existence, comme la rose
        Qu'un moindre vent peut emporter,
        Nous échappe même en enfance;
        Il faut savoir en profiter :
        Boire, aimer en sont la science.

Le maître de l'hôtel était un vieux troupier;
Le temps avait blanchi sa mince chevelure;
A côté de son cœur, pour qui veut épier,
On y voyait briller cet insigne qui dure :
    C'est bien, je crois, dire la croix d'honneur.

Frappé par son maintien, par sa noble figure,
Je lui dis : « Comme vous, je porte sur le cœur
  » Sublime emblème! » et, découvrant ma tête,
« Comme vous, mes cheveux ont blanchi dans les camps;
» Bien des peines, des maux, dont je ne m'inquiète,
» M'ont appris que la vie est pleine de tourments,
» Critiquée, en un mot, par qui? par des savants
» Dont le but odieux est de chercher à nuire;
» Mais le public sensé d'un seul mot vient détruire
    » L'insidieux de leurs écrits;
    » *On ne peut même pas en rire,*
    » *Car leur mérite est le mépris.*
» Nous sommes au dessert; prenez place, mon brave;
» Il est tard maintenant, de nouveaux voyageurs,
» Je pense, ne sauraient venir mettre une entrave
    » A ce que fournit en douceurs
» Repas, dessert exquis et la rencontre heureuse
    » D'un camarade des vieux temps.
» Comme moi, mon Annette est plaisante et rieuse;
» Une topette encor de vos vins excellents;
» Que votre dame vienne en notre compagnie;
» Sans doute, vous aurez une histoire à conter.
» Allons, mon brave, il faut vouloir passer la vie
» A goûter le plaisir sans par trop le heurter.
» Nous voilà réunis, mettez la complaisance
    » Au niveau de nos vifs désirs;
  » Un doux merci vous est acquis d'avance :
    » Mettez un comble à nos plaisirs.
» — Ne point y consentir serait sans convenance,
» Répondit à l'instant le soldat hôtelier.
» La ville a retenti, depuis plusieurs années,
    » D'un acte qu'il faut publier;
» Sont-ils rares? eh bien! plus les âmes bien nées
» Doivent les mettre au jour comme bonne action.
    » Le général de Saint-Maurice,

» Cité par son courage, une éducation
» Qui le mettaient hors ligne, au mince sacrifice
» Souriait par grandeur; mais il était joyeux
 » De rendre un éminent service :
» La fortune l'avait mis au rang des heureux,
» Et ce noble désir lui devenait facile.
» — Quand l'âge fut venu, que quatre-vingts hivers
» Eurent appesanti cette mémoire utile,
» L'activité qu'il faut aux services divers,
» Monsieur de Saint-Maurice, on peut dire valide
» Encor par son heureuse organisation,
» Revint dans son château; ce retour fut splendide
 » Par les fêtes, l'affection
» Qui mirent en émoi les alentours, la ville :
» Vieillards, jeunesse, enfin tout le monde voulait,
» Soit par des compliments ou cette soif fébrile
» De plaisirs, faire voir ce que l'on ressentait.
» Un aimable assistant de ces fêtes brillantes,
» Par de simples couplets que lui dictait le cœur,
» Peu jaloux et peu fait aux scènes turbulentes,
» Chanta ces quelques vers qui font encor fureur :

 « Amis, notre joie est extrême :
 » L'illustre brave est près de nous;
 » Par nos chants, à l'Être suprême
 » Prouvons que nos moments sont doux.
 » Voyez sur sa noble poitrine
 » Ces beaux indices de l'honneur;
 » La rare santé qui domine
 » Les maux d'un âge destructeur.

 » Que de succès dans les batailles,
 » De Saint-Maurice, là, toujours!...
 » Boulets et masses de mitrailles
 » Ont su respecter ses beaux jours.

» Il nous est rendu plein de gloire ;
» Merci, dieu fougueux des combats !
» Amis, il faut chanter et boire ;
» Ah ! les braves ne meurent pas !... »

» — Cet illustre vieillard, depuis bien des années,
» Avait perdu ce qui charmait son cœur :
» Une épouse chérie ; aussi, dans ces journées
» Où le repos venait lui montrer la douceur
» D'être, on peut dire, avec lui-même,
» De tristes pleurs s'échappaient de ses yeux.
» Il n'avait point d'enfants, et, par douleur extrême,
» Il ne voulut jamais former de nouveaux nœuds.
» — Une nièce orpheline et fort bien élevée,
» Ayant vingt fois vu reverdir les champs,
» Jouissant de l'âge où la raison arrivée
» Sait maîtriser les écarts de nos sens,
» Son oncle généreux l'accepta comme fille.
» Respectueuse et vive d'amitié,
» Elle fit ressentir le charme de famille,
» Mais sans porter atteinte à cette piété
» Qui fait du souvenir ce baume qui console,
» Qui ne saurait faire oublier :
» En elle était toujours douce, aimable parole,
» Sachant, s'il le fallait, sans humeur se ployer
» A l'observation, telle qu'elle pût être.
« — Mon oncle est un père pour moi ;
» Je n'ai qu'un seul désir : de lui faire connaître,
» Ah ! que jamais le mot *pourquoi?*
» Ne pourra sortir de ma bouche,
» Disait-elle sans cesse avec l'émotion
» Que suggère le cœur, qui touche
» A la plus vive affection. »
» — Voilà bientôt dix ans que le pauvre regrette,
» Par la mort du bon général,

» La perte immense qu'il a faite ;
» Mais, par testament libéral,
» Il fut fait un hospice utile à la vieillesse :
» Trente lits, à jamais, s'y trouvent établis,
» Sous la direction expresse
» De celle qui le pleure, ah ! de sa chère nièce,
» Et, pour l'aider, deux sœurs aux noirs habits,
» Celles dont la charité, dis-je,
» Inspire l'admiration,
» Et dont le cœur est un prodige.
» Cette admirable nièce est en possession
» D'une belle fortune ; elle en fait un usage
» Qui rappelle son bienfaiteur.
» Dans le parc du château, simple et touchant ouvrage
» Est fait pour témoigner un signe de douleur ;
» Le corps du défunt y repose ;
» Sur le tombeau modeste, ombragé par la fleur
» Qui n'a point le sort de la rose :
» Par l'immortelle ! est une croix,
» Doux symbole de la prière ;
» Au bas est un blason *qu'on aimait autrefois !*...
» *Mais laissons de côté ce que nous voyons faire.*
» — Dès que l'aurore annonce un nouveau jour,
» Cette nièce éplorée accourt, pleine d'amour,
» Près du lieu saint et solitaire ;
» On l'y voit à genoux, chapelet à la main,
» Répétant fervente prière :
» *Pour le bénir encore accordez-moi demain !*...
» — Voilà l'anecdote émouvante
» D'un militaire comme nous ;
» Vous la contant, ma voix était tremblante ;
» A des sentiments aussi doux
» Je ne puis être froid, mon âme les partage ;
» Si c'est une faiblesse, elle est due à mon âge.
» — Ah ! mille fois merci, vieux soldat comme moi.

» Faites porter le fin champagne;
» Sans doute, il calmera l'émoi
» Qu'un si vif récit accompagne,
» Et, plus tard, divine liqueur
» Viendra mettre une fin à l'aimable soirée. »
— Tout se fit avec grâce, avec gaîté de cœur,
Et l'on se retira l'âme bien inspirée...
    — Le lendemain, aussitôt que Phébus
    Eut de nouveau, par sa lumière,
Dissipé les vapeurs, eut dit : la nuit n'est plus;
    Qu'il se montra tout-puissant sur la terre,
    Notre vigilant conducteur
Nous attendait près de l'hôtellerie;
Je le fis déjeuner pour lui donner du cœur,
Et simple attention fut des mieux accueillie.
— Pour nous, rognons sautés au vin mousseux,
Côtelettes, café, surtout bonne eau-de-vie,
Cet ensemble nous mit le corps, l'esprit joyeux;
Le temps, qui nous prêtait salutaire assistance,
Ne fut point étranger au plaisir de l'instant.
— Nous nous mîmes en route. Utile complaisance
Offrait un charme à tout; on riait un moment,
Un autre se donnait à ce que la science
Fait découvrir, apprend à l'homme studieux;
Des plus simples détails ressortait une étude;
J'en prenais avec soin, non les minutieux,
Mais ce dont on pouvait, avec exactitude,
Offrir dans le commerce et même aux curieux.
— Pendant trois jours, sans trop de lassitude,
Avec aimable entrain, on nous vit parcourir
Les sites séduisants du port de La Rochelle;
Mais Annette me dit : Demain il faut partir;
J'obéis, car je sais qu'elle aime son chez elle.
    Alors, après le fin souper,
En demandant le compte à notre aimable hôtesse,

Je la priai de faire préparer
Le café du départ à la grande vitesse,
Dont le sifflet s'entend à midi moins le quart.
  Alors, à dix heures, à table,
Mari, femme, nous deux, assemblés par hasard,
Passâmes, on peut dire, un moment délectable.
  Le temps pressait; mais, buvant le chablis,
La verve s'échauffait; il fallait chansonnette;
Je me frottai le front, et, sans tarder, je fis
Résonner de mon mieux une simple bluette.

ADIEUX.

Après la misère des camps,
Si le soldat peut voir luire
L'ombre de ces heureux moments
Après lesquels chacun aspire;

Si l'amitié, par ses doux nœuds,
Lui fait goûter tranquille vie,
Il se dit : Parmi les heureux
Je vois que ma place est choisie.

Un jour, si, par distraction,
Il entreprend simple voyage,
Serait-il même en fiction,
D'un plaisir n'eût-il que l'ombrage,

Oh! oui, de joie il sourirait,
En ce jour, que pourrait-il dire?
Tout, pour lui, se trouve à souhait :
Un compagnon, tendre sourire!

Eh bien! trinquons au doux revoir;
Ces quelques jours feront merveille.

Plus tard, nous reviendrons vous voir
Et viderons fine bouteille.

Je dis plus tard ! Dieu tout-puissant
Nous a, dans nos brillantes guerres,
Montré son pouvoir bienveillant;
Il exaucera nos prières.

Allons, vite, trinquons encor;
Ce doux nectar est à la vie,
Comme on l'a dit, un vrai trésor,
Dont toujours notre âme est ravie.

Romance.

L'aurore annonçant un beau jour,
J'ai quitté les bras de Morphée;
Mon cœur excité par l'amour,
Non par une flamme insensée,
Mais par le rêve d'un bonheur
Qu'il procure près d'une amie,
Je vais cueillir aimable fleur,
Allant trouver Emma chérie.

Elle est sur le prochain coteau,
Où l'on y voit croître l'herbette;
A ses côtés est son troupeau
Que surveille tendre Finette.
Ah! j'en suis sûr, elle m'attend;
Allons vite à ma bergerie,
Ne perdons pas un seul instant :
Parfois est si courte la vie!...

Mais, qu'entends-je? L'écho voisin
Semble répéter une plainte;
Il faut m'approcher avec soin :
C'est Emma!... Quelle est sa contrainte?
« Lindor m'aime, je suis à lui,
» Et les méchants voudraient détruire
» L'accord qui nous charme aujourd'hui.
» Grand Dieu! pourquoi vouloir me nuire?

» Ils ne pourront y parvenir :
» Cher Lindor a tout pour me plaire;
» Leurs écrits ne sauront ternir
» Que le mal qu'ils cherchent à faire.
» Pour Lindor, je serai toujours,
» Je le jure, toujours la même;
» Que leur dépit suive son cours,
» Pour eux mon mépris est extrême. »

Divine Emma, l'écho bavard
Vient de répéter ta pensée;
Aux méchants tu dis : il est tard
Pour détruire chose sensée.
Tu m'aimes, ah! je le savais!
Le sentiment est de tout âge;
La jeunesse en fait des essais,
Et la vieillesse un pur hommage.

Anecdote historique.

Déjà, dit-on, vingt-cinq printemps
    Sont venus parer la nature,
Que le jeune Delmas, non doué de talents,
Mais d'un goût du travail, de ce travail qui dure,
Dans une métairie était premier garçon ;
    On l'estimait : il méritait de l'être.
Paré des fleurs de l'âge ; en outre, ayant ce ton
Qui séduit sans chercher à le faire paraître,
Fit une impression, par trop vive, il est vrai,
Dans le cœur émouvant d'une gente bergère.
Avec le dieu d'amour quiconque fait essai,
Ou plus tôt ou plus tard ressent douleur amère !...
    — Suzette était domestique avec lui,
        Avait soin de la bergerie ;
Mais, on le sait, ce qui ne se fait aujourd'hui
Obtient son tour demain ; souvent, c'est duperie :
    Ah ! la raison sommeille trop de fois,
Et cruel repentir vient offrir, quoi ?... des larmes !
        — Un abandon de plusieurs mois
        Dénatura ses quelques charmes :
Suzette devint mère ; on les congédia,
Mais à regret, dit-on, car ils avaient su plaire.
    La moindre chose, ici-bas, a
Ce qui peut nous charmer ; nous offre le contraire
Par tel ou tel motif qu'on ne peut définir.
    Enfin, Delmas et Suzette jolie
        Ne purent à l'instant s'unir,
Et leur égarement devint une folie.
Il leur fallut alors penser à l'hôpital :
« Que veux-tu, mettons-y la pauvre infortunée, »

Dirent-ils. Ce pénible accord leur fit grand mal;
Telle fut de l'enfant la triste destinée !
— Une femme voisine eut cette mission,
Moyennant, toutefois, un assez bon salaire.
    — La ville était un peu loin du canton,
Et le soleil n'offrant qu'une faible lumière,
    La peur surprit la vieille messagère,
      Et, sans coupable intention,
      Au seuil d'une hutte isolée
      Elle déposa son fardeau;
Faisant une prière, elle fut consolée,
    Surtout ayant un espoir au Très-Haut.
— Cette hutte portait le nom de *sentinelle*.
Le lendemain, avant que le froid et la faim
N'eussent déterminé, par une mort cruelle,
      Hélas! une bien triste fin,
      La pauvre fille fut trouvée
      Et remise à l'autorité;
Sur le registre *ad hoc* elle fut désignée
      Comme un être déshérité;
On lui donna le nom : *Sentinelle Marie*,
      Et, de sa situation
Si cruelle au berceau, l'hôpital pour patrie.
Elle ne put avoir la moindre affection,
      Et, de lieux en lieux transportée,
D'elle-même inconnue, elle le fut d'autrui.
Cramponnée à la vie et bien constituée,
Le sort semblait, pourtant, lui promettre un appui;
Mais comment retrouver *la hutte sentinelle*,
Le seuil qu'on lui donna, faut-il le dire? hélas!
Sans le secours divin de la blanche mamelle?...
— Suzette inconsolable et le pauvre Delmas,
Ne pouvant revenir sur la chose passée,
Par leur sage conduite, un travail assidu,
    Eurent l'idée, on peut dire sensée

Pour le public, pour eux, faire cet acte dû
    Pour mettre fin au malin caquetage.
— En dehors des apprêts qui ne font que du bruit,
    Ils contractèrent mariage.
    Leur avoir s'étant augmenté,
Ayant pu profiter d'une vente à l'enchère,
Ils acquirent bientôt simple propriété,
Ayant maison, jardin, une excellente terre,
Enfin pouvant, avec l'ordre, l'assiduité,
Subvenir aisément aux besoins de leur vie.
— Bizarre est le destin!... Si la prospérité
Leur souriait, et que leur âme en fût ravie,
Une horrible douleur faisait invasion
Sous le paisible toit de deux êtres sensibles.
L'enfant, le premier né d'une tendre union,
A peine vit le jour : pleurs et chagrins terribles!...
Treize, pendant vingt ans, eurent le même sort;
Point l'espoir enchanteur d'avoir une famille!
Que devaient-ils penser? Que la cruelle mort
    Portait horreur à ce qui brille.
    Un jour, ces malheureux époux,
Écrasés sous le poids d'une amère tristesse,
Se dirent : « Le bonheur ne peut luire pour nous :
» Dieu, malgré sa bonté, punit notre faiblesse.
» Soit par la gêne ou bien tout autre sentiment,
» Sans pitié nous avons délaissé notre fille!
» Quel était donc son crime?... Ah! d'un égarement,
    » Comme l'éclair enfin qui brille,
» Devrait-elle en subir si cruel résultat?
» Seulement a-t-elle eu le baiser de sa mère?
» Ce premier sentiment, qui fait que le cœur bat,
» Semble au moins pallier le mal qu'on a pu faire.
» Cet enfant est-il mort?... Sans parents reconnus,
    » Peut-être une affreuse misère!...
» Oh! mon Dieu, mieux vaudrait alors qu'il ne fût plus!...»

— L'espoir, ce sentiment qui rattache à la vie,
Vint animer le cœur de ces tristes époux;
Delmas fut à la ville avec brûlante envie,
Sous le sceau d'un secret dont il était jaloux,
    De découvrir ce qu'était devenue
Une fille portée à l'hôpital du lieu,
A la date indiquée, et de mère inconnue.
Cette explication déjà donnait un peu
    L'espoir de découvrir la trace
    De l'enfant qu'on recherchait.
Une annotation sur un livre portait :
Sur le seuil d'une hutte, et son corps à la glace,
On a trouvé tout nu cet être nouveau-né;
    A l'instant même baptisé;
On lui donna le nom Sentinelle Marie.
    — Cet indice fut suffisant
Pour Delmas et Suzette : « Ah! c'était notre enfant! »
Soudain se dirent-ils; et leur âme attendrie
Leur fit verser des pleurs, ah! des pleurs de regrets,
De regrets du passé, sachant que la voisine
N'avait point accompli sa mission divine,
Ah! délicate au moins!... la peur a ses excès.
« Hélas! elle n'a pas cru, sans doute, mal faire,
» Et son tombeau, plus tard, a caché son mystère;
» Mais, coupables comme elle, il faut la pardonner. »
    — Frappés par l'immuable idée
Que le singulier nom qu'on avait cru donner
    A cette fille abandonnée,
    Par la date, se rapportait
Au dépôt si cruel que l'on voulait en faire,
Décidèrent d'abord qu'à tout prix il fallait
    La découvrir : *c'est le vœu d'une mère!*...
— Courses et questions furent faites encor,
    Et le succès répondit à l'attente.
    « Dans un prochain village au simple abord

» Était une honnête servante,
» *Sentinelle Marie;* elle est en ce moment,
» On peut dire, bien mariée
» Avec Simon, le fils d'un paysan;
» Vaillants tous deux, ils gagnent leur journée. »
— Maints et maints villages, soudain,
Furent suivis avec l'ivresse
D'un espoir qui montre une fin
Que l'on désire, qui vous presse.
— Un jour, c'était au moment d'un repas,
De celui de midi, qui se fait d'ordinaire
Chez les petites gens qui ne s'écartent pas
D'un usage adopté, bien plus que séculaire,
Nos époux fureteurs, et c'était bien leur cas,
Entrèrent dans une chaumière.
Du pain noir frotté d'ail et simple cruche d'eau;
Un jeune homme joyeux, embrassant jeune femme
Allaitant un enfant; pelle, fourche, râteau;
Dans le foyer légère flamme;
Cet ensemble attrayant, beau par simplicité,
Les émut tout d'abord; la curiosité
Et les cœurs palpitants par le sublime zèle
Dont les tristes époux se trouvaient agités,
Leur firent prononcer le nom de *Sentinelle*,
Et les yeux se fixaient, ardents, de tous côtés.
— « Mais c'est moi qu'ainsi l'on appelle, »
Répondit troublée à l'instant
La jeune, intéressante mère.
— « Mon Dieu! c'est notre chère enfant,
» Par nous abandonnée, et que, dans sa colère,
» La puissance divine a bien su nous punir! »
Dirent les deux époux suffoqués par des larmes.
« Vingt ans se sont passés, il faut en convenir,
» Sous le poids incessant de cruelles alarmes,
» Que, rougissant d'une position

» Qu'il nous fallait cacher : celle de ta naissance,
» Nous dûmes prendre, hélas! faut-il le taire? oh! non,
» Le parti de te mettre en ce lieu d'assistance,
  » A l'hôpital, séjour des orphelins.
» Sur le seuil d'une hutte, ayant nom *sentinelle*,
» On te mit, exposée aux chances des destins,
  » Non comme action criminelle;
» Mais la peur, comme tout, n'a-t-elle pas ses fins?...
» Oh! oui, tous ces détails, puisés à bonne source,
» Nous font dire que Dieu vient de nous pardonner;
  » Que nous avons terminé notre course,
  » Ayant voulu nous redonner
» La fille, premier fruit d'une amitié sincère.
» — Cet homme, quel est-il?— C'est mon mari.— L'enfant?
» — C'est le nôtre. — Êtes-vous en un état prospère?
» — Nous gagnons notre pain par un travail constant. »
— Les époux, discourant, faisaient un inventaire,
  D'un seul clin d'œil, du simple mobilier
    De la rustique maisonnette :
  Un lit, un coffre, un berceau, vaisselier.
« Sans peine, tout cela tiendra dans la charrette;
» Nous allons être heureux, au plus vite chargeons,
  » Et pour chez nous, tous, aussitôt partons! »
    — Le soir, le modeste équipage,
Enrichi des enfants, arrivait au village;
    Parents, amis et curieux,
    Émerveillés par cette vue,
Se portèrent en foule, on peut dire joyeux,
    Se félicitant de l'issue
    Des efforts faits par leurs amis
  Pour retrouver une fille chérie.
    Meuble, le tout fut bientôt mis
  Dans une place agréable et choisie.
Tous les cœurs éprouvaient le charme du bonheur.
Un souper impromptu fut offert en une heure;

C'était une fête où le cœur
Présidait et mettait un chacun en demeure
D'en apprécier les élans.
— Le lendemain, aussitôt que l'aurore
Eut annoncé le jour : « Levons-nous, mes enfants!
» Favorisés par Dieu, nous lui devons encore
» Une preuve à jamais de pieux sentiments.
» L'oubli d'un grand devoir empoisonnait ma vie;
» Le voilà réparé, revenons bons chrétiens.
» Dieu, dans sa sagesse infinie,
» A dit : Il faut aimer les siens!
» Accomplissons ce dogme, à nous tous il doit plaire;
» Au pied d'un saint autel allons vite prier;
» Ce devoir devient nécessaire :
» A jamais il faut nous lier. »
— Aussitôt dit, Delmas et sa famille
Se rendirent joyeux au temple du Seigneur;
Parents, amis, avec ce doux plaisir qui brille
Dans l'action que commande le cœur,
Firent un groupe uni dont on s'occupe encore.
— De ce jour, une joie, ah! disons le bonheur,
Brillait partout de la flamme qui dore
Même l'espoir, serait-il incertain;
Le ciel encor semblait prendre sa part active
A cette action du matin :
L'ardent Phébus faisait briller la fleur hâtive,
Et les oiseaux par leurs concerts,
Ah! tout y prenait part par des signes divers :
La joie, on l'a bien dit, est communicative!...
Des danses, un frugal repas
Terminèrent gaîment cette heureuse journée,
Et, sur un rustique haut-bois,
On répétait, l'âme passionnée :

CHANT.

La vie a ses revers ;
Pour les dompter, que faire ?
Qui peut, dans l'univers,
Montrer le nécessaire ?

Avec la sublime raison,
Sans doute, on va loin dans ce monde ;
Mais elle vient tard, nous dit-on ;
Ne peut guérir douleur profonde.
    La vie, etc.

Cher Delmas nous prouve, en ce jour,
Combien est grande sa puissance ;
Elle lui fait faire un retour,
De Dieu même obtient la clémence.
    La vie, etc.

Hélas ! cruel égarement
L'avait plongé dans la tristesse ;
La raison, ce fier sentiment,
Vient de lui rendre sa noblesse.
    La vie, etc.

A l'heureuse réunion,
Mes amis, buvons avec joie ;
Tôt ou tard, avec la raison,
En nous la gaîté se déploie.

    La vie a ses revers ;
    Pour les dompter, que faire ?
    La raison, dans l'univers,
    Peut seule y satisfaire.

Autre Anecdote historique.

Dans l'église, dit-on, d'une simple commune,
    Mais belle par ses alentours,
    Par maints châteaux aux vieilles tours
Où s'y trouvent encor des restes de fortune,
De nobles héritiers de pères généreux,
    Qui cherchent, autant que possible,
A se glorifier, aimant, faisant comme eux
Du bien à ceux surtout dont la vie est pénible ;
    Qui, néanmoins, veulent se signaler
Par de ces actes purs, mais rares à notre âge ;
Dans cette église enfin que je ne puis citer,
    On célébrait un mariage
Auquel tout le pays semblait être invité,
Tant l'affluence était en un instant grandie.
— Ce rustique chef-lieu montrait une gaîté,
Celle enfin d'une vive, ardente sympathie ;
    Sur les visages rayonnait
Un charme de bonheur. Cette foule accourait
Pour appeler sur une et jeune et bonne fille
    Les bénédictions du ciel ;
Emue, on aurait dit : c'est la même famille ;
Ce spectacle touchant devenait sans pareil !...
    — Cette fille, par trop modeste,
    Que ce dimanche l'on fêtait,
    D'autrefois offrait un beau reste :
En action le cœur se présentait.
Elle était devenue, à treize ans, orpheline
    D'un père qu'elle chérissait ;
    Mais, parfois, le sort vous destine
    Une dernière affliction :

Cinq ans plus tard, d'amères larmes,
Hélas! avec effusion
Inondaient un cercueil, bien triste objet d'alarmes,
La privant à jamais du sentiment d'amour
D'une mère à laquelle elle devait le jour!...
— Cinq frères et sœurs : quelle charge,
Surtout étant jeunes encor!...
Les nourrir, eh! comment? Cette plaie était large :
Point de provisions; il en fallait d'abord.
— Pendant cinq ans la pauvre infortunée
Avec ardeur se mit au travail productif,
Et, seule, elle pleurait mainte et mainte journée,
Et, selon ses vœux, rien n'était assez actif;
Le travail d'une femme, eût-il été le double,
Ne pouvait subvenir aux dépenses d'un jour.
Un dévoûment que rien ne trouble,
Soudain apprécié, lui donna pour retour
L'affection, la sympathie,
Et partout ouvert bien des cœurs.
— On sut cette conduite, ah! cette belle vie,
Des fatigues toujours surmontant les douleurs;
Habitants des châteaux, ayant l'âme ravie,
Par de fréquents secours, généreux et discrets,
Sans être demandés, allégeaient dans l'année
Le fardeau des besoins ne finissant jamais.
— Digne abnégation étant appréciée
Par un des villageois, sage et laborieux,
On vit surgir le mariage,
Et c'est alors qu'un chacun désireux
De donner, sans détours, un honorable gage
D'un intérêt hautement mérité,
Que, par enchantement, l'église fut parée
D'objets dignes en tout de la solennité.
Les cœurs participaient à cette foi jurée,
Prélude d'un bonheur certain,

Et, pour que cet éclat offrît plus de durée,
Prolongeât le plaisir au-delà du demain,
Les dames des châteaux, dont l'heureuse présence
   Donnait un charme à tous les cœurs,
  Par un louable élan de bienfaisance,
Offrirent un trousseau digne de leurs grandeurs,
Et, de plus, tous les frais de la noce brillante
   Par elles furent acquittés.
Alphonsine Pelon, par sa joie éclatante,
   Apprécia ces actes de bontés,
Et, sortant de l'église, elle ne put que dire
   A ses aimables bienfaiteurs :
« Mon pénible passé, sans doute, a dû suffire
  » Pour attirer près de moi tous vos cœurs;
» Non, je ne pouvais croire à tant de récompenses;
  » Ah! j'y souris et redirai toujours :
   » *Que la plus belle des sciences*
» *Est d'accomplir les vœux des auteurs de nos jours.*
» *Je n'avais que l'espoir; la réalité brille :*
» *Seule, nous voilà deux pour soigner la famille!* »
  — Joyeux, chacun, le soir, se retirait;
L'écho, toujours bavard, de loin en loin disait :

    CHANT.

   L'action que le cœur inspire
   Procure un doux ravissement;
   On vous flatte et l'on vous admire;
   Plus tard, le bonheur se ressent.
   Tout le prouve en cette journée :
   Alphonsine, belle de cœur,
   S'est acquise une destinée
   Dont le cours sera le bonheur.

Boutade.

Je voudrais être gai, cela n'est pas possible ;
      Ah ! loin de s'améliorer,
Ce que je vois devient de plus en plus pénible.
De la société, qu'il nous faut endurer,
    Je ne voudrais que gémir ; puis-je taire
    Ce qui s'y fait, que la simple raison
        Désapprouve comme contraire
Aux nobles sentiments d'une réunion ?
L'homme, on l'a vu, ne peut se conduire lui-même ;
Il a fallu des lois, soit pour le protéger,
      Eviter qu'il rêve l'extrême
De ce que la raison, enfin, doit suggérer.
Alors, il a fallu des milliers de rouages
Pour que tout fonctionne, arrive au résultat
      Prescrit par les lois, les usages,
Pour ne point blesser, dis-je, ou tel ou tel état.
— La spécialité, dans les hauts personnages
Appelés à convaincre, au moins à réveiller
Le sentiment qui doit faire respecter l'homme,
Est fort peu consultée ; alors vient sommeiller
Ce qui pourrait grandir. Eh ! mon Dieu, voilà comme
      Tout ici-bas se dégénère !
    Descendez-vous aux derniers échelons,
Aux habits, pour éclat, n'ayant que des galons ?
Mon Dieu, loin de parler, le mieux est de se taire !...
En tout, il est un vice, un vice surprenant ;
Apte ou non à l'emploi devient indifférent :
Satisfaire les goûts, telle ou telle influence ;
Rarement le mérite est et sera toujours
Le mobile certain de la toute-puissance.

Et qu'en résulte-t-il? On le voit de nos jours :
    Partout mollesse, inertie et souffrance.
— Tel juge est ignorant, ou quand on plaide, il dort;
Une solution est-elle désirée?
Faut-il un *non*, un *oui* pour que l'on soit d'accord?
L'autorité civile a passé la soirée
En ce qui la concerne; il lui faut du repos,
Ou parfois préparer brillante plaidoirie;
Point de solution, inconvenants propos!
On s'en moque, ils sont pris pour simple raillerie.
    — Pauvre justice, inquiète raison,
Qu'êtes-vous ici-bas?... S'il survenait un sage,
    Il frémirait; *qui dirait non?*
« Mais la société n'est donc qu'un esclavage?
» Pourrait-il s'écrier : l'ignorant, le plus fort
» Font tout subordonner à l'odieux caprice ?
    » Comment peut-on être d'accord
» Plus ou moins, sous les yeux si l'on n'a que le vice? »
— Solitude chérie, hélas! plus que jamais,
    Oui, je vais rechercher tes charmes;
Si les plaisirs bruyants sont nuls, point de regrets;
    Je ne saurais alors verser des larmes!...
— Divine poésie, aux sublimes accords,
Viens jeter dans mes sens un oubli nécessaire
A tout ce qui se fait, on peut dire en dehors
D'une saine raison, de ce qui seul doit plaire.

Énigme.

Chers amis, supprimez une lettre à mon nom,
Et vous aurez celui du père de l'ânon;

Epître à mon Ami.

BLUETTE.

On l'a dit et je le répète
Comme une grande vérité :
On ne saurait être prophète
Chez soi, fût-on même fêté,
Sans rêver cette qualité,
Si toutefois elle en est une,
Je pourrais désirer qu'on rendît à chacun
La part de ce qui fait cette essence commune,
Le rêve du bonheur; que dis-je? en est-il un?...
Mais, non, l'idéalisme a la suprématie ;
    Le vaporeux, ces mille mots prônés
      Avec emphase et raillerie,
Dans toute diction sont affectionnés;
On ne les comprend pas; ce n'est point nécessaire,
Le style amphigourique étant l'ordre du jour.
Quittez la plume alors, vieillard septuagénaire;
Votre simplicité, votre strophe d'amour
Qu'un tendre cœur inspire à votre Emma chérie,
    Ne saurait plaire, est mise de côté;
Ce qu'on cherche à comprendre, obscène facétie,
Venant de loin surtout, se transcrit, est goûté,
Et l'ami, le voisin, aurait-il du mérite,
Au silence profond, s'il n'est point molesté,
Est ce dont on le pare, et, de plus, on l'évite.
Ah! nous sommes, dit-on, au siècle lumineux !...
Une explication me serait nécessaire;
A qui la demander?... Quels sont donc les heureux
Qui pourraient s'arroger le droit de faire taire

Tel ou tel goût, tel sentiment?...
Ces dons nous sont acquis par la nature;
Il faut les accepter; ce serait imprudent
De vouloir qu'on se mît l'esprit à la torture.
Qu'en arriverait-il? un rire outre mesure;
La critique, à bon droit, ferait peser sur vous
Ses sarcasmes ardents; alors gémir, se taire,
Ce dont on est fort peu jaloux,
Serait tout simplement ce qu'il vous faudrait faire.
Eh bien! je dis avec raison
Qu'il faut laisser un chacun dans sa sphère :
Le guerrier veut combattre; Alcide, à Cupidon
Délaisse avec bonheur un reste d'existence;
L'hypocrite se voile, et le crésus Thomas,
Pour augmenter son or, surveille sa dépense :
Par avarice, il a faim, et ne mange pas!..
Vouloir changer ces goûts devenus des délices
Serait peut-être un bien; oui, mais en comprimant
Ou la folie ou les caprices,
Le mal, si c'en est un, s'offrirait bien plus grand!...
— Montrer la nué à la jeunesse,
L'espace est vaste; elle peut varier
Ses tons et ses plaisirs; laisser à la vieillesse
Les sentiments si purs qui doivent s'allier
Aux lois de la raison qu'elle accepte en maîtresse,
Ah! si je ne me trompe, est un devoir pour tous.
— Faisons donc le chemin pénible de la vie
Avec l'espoir qu'il soit passable, même doux;
La chose est facile : *aidons-nous*,
En laissant à chacun le soin de son envie.
— J'aime ma solitude et la fraîcheur des champs;
Chaque fois que je puis, au lever de l'aurore,
Aller sur les coteaux me réjouir des chants
Des bergers d'alentour, voir la sensible Laure
Accepter le bouquet que lui donne Lindor,

En lui laissant cueillir, où? le dire, je n'ose,
Les doux baisers; leurs yeux, les cœurs disant : *encor!...*
Cet émouvant tableau, comme une belle rose,
    Réveille mes sens engourdis ;
      Je sens arriver le sourire,
    Et, sans par trop y songer, je me dis :
Ces doux transports d'amour doivent seuls me suffire,
      Et si j'aime à les exprimer,
Faut-il donner un ton plus sonore à ma lyre?
Et ces élans du cœur alors les comprimer
    Par mille mots qu'on ne saurait comprendre ?
Que deviendra leur charme et leur suavité?...
— Eh bien! mon cher ami, je ne saurais me rendre
A ce que je croirais une légéreté.
Admirer mon Emma, flatter l'aimable Laure
    D'être sensible au bouquet de Lindor,
Voir bondir leurs troupeaux et répéter encore :
Il est parfois des jours nous offrant l'âge d'or !

      Gentilles bergerettes,
        Par vos aimables chants,
    Rendez nos âmes guillerettes;
    Pour nous vous êtes le printemps.

      Quand l'amour nous délaisse,
        Que la tendre amitié
    Vient au secours de la vieillesse,
    On ne se croit pas oublié.

      Profitez du jeune âge,
        C'est le temps des plaisirs;
    Que votre cœur nous dédommage,
    Si nous n'avons que des désirs.

      On ne peut toujours être ;
        Le temps limite tout :

La rose ne fait que paraître ;
Une fin cruelle est partout.

C'est une loi, qu'y faire ?
Il faut l'a supporter ;
Vos plaisirs sauront nous distraire :
Alors, pourquoi s'inquiéter ?...

Gentilles bergerettes,
Par vos aimables chants,
Rendez nos âmes guillerettes ;
Pour nous vous êtes le printemps.

— Malgré divers conseils, je suis toujours le même ;
On ne saurait ployer le chêne une fois vieux :
On badine et l'on chante avec ce que l'on aime ;
A la fin du voyage on est encor joyeux.

Le Singe & l'Ane charlatan.

FABLE.

Un singe, mais lequel ?... le nombre en est si grand
    Dans les palais, les bois et les chaumières,
    Que je serais peut-être inconséquent
    De désigner celui dont les lumières,
Pour la bouffonnerie, entendons-nous d'abord,
Se faisait remarquer, applaudir dans la rue.
Enfin, c'était un singe ayant mis en accord
Ses gestes, son maintien pour plaire à la cohue ;
Avec grâce agitant un superbe grelot,
Il faisait un effet difficile à décrire.
« Mes amis, disait-il, bientôt la poule au pot
    » Et bon vin que chacun désire

» Figureront à l'un de vos repas...
» Entendons-nous, celui du jour qu'un chrétien fête.
　　　» *Un tel extra* ne pourrait pas
　　» S'effectuer à la moindre requête ;
» L'excès du bien, jamais et surtout de nos jours,
» Ne peut nous réjouir, nous pousser à l'extase ;
　　　» Enfin, espérons : c'est toujours,
　　» Pour l'avenir, une agréable phase.
» — Mais, quels houras ! un âne, un âne charlatan
» Semble attirer vers lui la foule éguenillée ;
　　» Allons grossir ce nombre à l'air béant
» Pour l'entendre brâmer, joindre notre risée
» A tout ce qu'il débite avec un tel fracas.
» — Accourez tous ! dit-il, *écrits à cinq centimes !*
» Achetez, achetez ce que vous n'avez pas ;
　　　» Vos dépenses seront minimes,
　　　» *Car c'est de l'esprit que je vends*,
» *Et vous savez que bien rare est cette matière !...*
» — Les badauds sont partout ; il n'est pas de passants
　　　» Qui puissent croire le contraire ;
　　» Aussi, voyez comme ils tendent la main.
» Mais quoi ! les yeux portés sur la page première,
　　　» On la chiffonne en signe de dédain :
» Pourquoi donc tant de bruit pour une fin pareille ?... »

MORALE.

Un singe nous fait rire agitant un grelot ;
　　Mais l'âne, avec sa longue oreille,
　　Amis, fait voir qu'il n'est qu'un sot.
Malgré tout l'appareil qu'il montre dans la rue,
Vendre l'esprit ne peut être qu'une bévue,
Car personne, ici-bas, n'en a plus qu'il ne faut.

Anecdote morale.

Nos vieux pères, avec ivresse,
Répétaient, même à leurs repas,
Ce dogme brillant de sagesse :
Le bien d'autrui tu ne prendras.
— Dans le monde, celui surtout de la jeunesse,
Il existe une illusion
Plus que déplorable; elle blesse
Lorsqu'advient la saine raison,
L'endroit moral : celui des dettes ;
On n'y comprend pas assez que l'emprunt
Doit se solder par les recettes.
Ce devoir oublié, car enfin c'en est un,
Est de l'improbité, vice plus que perfide.
Déjeuner et dîner, s'habiller à crédit
Est mal, si l'on n'a pas le sentiment qui guide
De s'acquitter au moment dit.
— Sous cette odieuse influence,
Peut-être aussi d'un chômage trop long,
Un ouvrier, Auguste était son nom,
Souvent faisait un extra de dépense,
Sans qu'on pût le citer un être vicieux;
Comme il ne payait point, c'était son ordinaire,
Et que petit ruisseau forme rivière,
Auguste se trouva dans un état fâcheux :
Celui de ne pouvoir faire honneur à la dette
Qui lui fut réclamée avec un peu d'humeur.
Payer quand on n'a rien serait une recette
Incomparable, offrirait de l'honneur
Que l'on perd par le vice ou par l'inconséquence;
Mais cela ne se peut, du moins jusqu'à ce jour.

Voulant montrer de l'indulgence,
Il lui fut dit : « Faites un grand retour
» Sur votre conduite passée;
» J'ai besoin d'un appoint, il faut me le donner;
» Le crédit avec vous serait chose insensée;
» Je ne puis le continuer
» Si vous restez sourd à cette demande. »
— Auguste fut confus, se tint pour averti
Qu'enfin s'il voulait vivre exempt de réprimande,
Il fallait travailler et payer au jour dit.

Sa bourse n'était point chargée;
Il la vida toutefois sans regret,
Et sa conduite, en un instant changée,
En fit un ouvrier qu'un chacun admirait.
— Plusieurs hivers avaient pesé sur la nature;
L'expérience et la religion
Avaient porté leur fruit et ce devoir qui dure
Lorsqu'il est maintenu par la saine raison;
Aussi, la probité, ce vrai flambeau de l'âme,
Lui devint un guide éloquent :
Régler ce qu'il devait, éviter la réclame,
Dès lors se fit avec l'esprit content.
— Une petite dette, à peu près oubliée,
Revint en sa mémoire, et, sans perdre un instant,
Il court, la bourse déliée,
Pour s'acquitter en s'excusant.
— « Monsieur, j'avais, par défaut de mémoire,
» Tout à fait oublié de solder un crédit
» Qui, chez vous, me fut fait lorsque j'aimais à boire.
» Enfin, le sentiment d'honneur en moi grandit;
» Avec regret pensant à la faute commise,
» Veuillez la pardonner : je m'acquitte envers vous. »
— L'honnête commerçant, chacun l'est à sa guise,
Ne put qu'être surpris par des termes si doux :
« L'oubli, répondit-il, ne saurait être un vice;

» J'avais perdu de vue, et sans vous en vouloir,
» Cet arriéré, pensant que le noir artifice,
» Celui de me tromper, n'avait pu prévaloir,
» Puisque je vous rendais un éminent service.
» Par malheur, trop de fois, je me trouve exposé
   » A des pertes toujours sensibles,
    » N'ayant, jusqu'à ce jour, osé
» Prononcer des refus qui deviennent pénibles;
    » Certains profits que j'entrevois
» Sur la totalité de mon petit commerce,
» Se trouvent absorbés; alors, souvent je dois,
   » Quand sur un avoir je me berce.
» J'applaudis de tout cœur à votre souvenir;
» J'avais fait deuil déjà de cette mince dette;
» Puisque vous la soldez, sans crainte, à l'avenir,
» Venez chez moi : pour vous j'ouvrirai ma cassette. »
— Auguste fut ému par tant d'honnêteté,
Et dit en rougissant : « Cette petite somme
» Acquittée est un droit que veut la probité,
» Et qui doit vous prouver que je suis honnête homme.
» — Seule, votre démarche est en votre faveur;
» Vous n'êtes qu'ouvrier, et la délicatesse,
   » Cette vertu que veut le cœur,
  » Se montre, on peut le dire, avec noblesse.
» Si la caste élevée agissait comme vous,
» Combien de malheureux apprendraient que l'aisance
   » Leur offrirait des passages bien doux
» Dans les sentiers parfois ardus de l'existence! »
— Ainsi, le commerçant et l'honnête ouvrier,
   Chacun dans leur étroite sphère,
Ont puissamment montré qu'on pouvait se lier
Lorsqu'un pur sentiment arbore sa bannière.

Voyage du 6 Octobre 1862.

HOMMAGE A LA FAMILLE GIRARD, DE ROCHEFORT.

Voilà, mon cher ami, déjà plusieurs semaines
    Que tes nouvelles et les miennes
Ont été, ce me semble, à l'état de néant.
Point d'épître à la poste est un cas surprenant,
    Pour toi surtout, puisque ta patience
A dû bien se trouver, je crois, de mon silence.
J'en ai souri parfois, car la malignité
Est un peu mon défaut, mais sans méchanceté ;
    En un mot, comme toute chose
Dans son résultat, bon ou mauvais, a sa cause,
Je t'apprendrai que si je ne t'ai pas écrit,
Le pouvoir, cher ami, m'en était interdit :
Je viens de faire un long, agréable voyage.
    Il faut me distraire à mon âge,
    C'est un besoin pour ma santé ;
    Dans l'habitude une variété
Donne de l'appétit ; les soucis de la vie
Ne deviennent alors qu'une faible insomnie.
J'ai voulu l'éprouver, et, pendant près d'un mois,
Selon les localités et mes goûts, chaque fois
J'ai, des chemins de fer, bateaux et diligences,
En riant, affronté les périlleuses chances.
La peur !... mais c'est un mal que la saine raison
Met de côté, surtout lorsque l'on est barbon.
    J'ai donc, ayant l'amitié pour escorte,
Le six, quitté le seuil de ma modeste porte.

Mes poules, mes oiseaux, ma chienne et quatre chats,
Toute cette famille aux cœurs parfois ingrats,
    Mais que j'aime à l'idolâtrie,
Étaient recommandés, car je tiens à leur vie ;
Leur instinct, qui se montre à chaque instant du jour,
Me flatte et me fait dire, à regret, à mon tour :
Les animaux sont mieux que l'humaine nature ;
Sa subtile raison, on le sait trop, ne dure
Que le temps qu'elle peut plus ou moins la flatter,
Que le vice surtout ne vient pas l'exalter ;
Mais laissons de côté cette noire pensée.
Comme un songe qui flatte, et mon âme bercée
Par le riant plaisir de mon excursion,
Je me vois arrivé, sans triste émotion,
Dans cette belle ville aux bords de la Gironde,
A Bordeaux, dis-je, enfin. Si ma muse seconde
Mon admiration, voyant cette cité,
Comme moi tu serais vivement transporté
Par le sublime effet que soudain elle inspire :
Voir devient un besoin, ce n'est rien de le dire.
— Arrivé sur le pont que l'on vante en tous lieux,
L'aspect de cette ville est rare, est merveilleux :
Des deux côtés s'écoule, à la vue étonnée,
Une immensité d'eau que l'art a rassemblée
Pour être chaque jour un levier tout-puissant
Pour le commerce actif d'un peuple intelligent ;
Ces vaisseaux par centaine, attendant en silence
Un signal de départ ; sur eux la vigilance,
    Sublime vertu du marin,
A l'aspect qui transporte ; on ne voit pas la fin
Du pénible travail qui s'offre à votre vue.
— Arrivé dans la ville, une foule éperdue
Sillonne en tous les sens, pour ses divers besoins,
Les beaux, les vastes quais, les plus sombres recoins ;
Ami, c'est, en un mot, l'image de la vie :

Vive diversité qui prête à la saillie;
Chacun glose, on s'appelle, et voitures, chevaux
Font mouvoir les pavés sous leurs pesants fardeaux.
— Plus vous portez vos pas au centre de la ville,
Plus l'admiration a son charme fébrile :
Les places, les maisons dont la seule hauteur,
La belle architecture, à l'œil observateur
Attirent chaque jour l'estime méritée;
Ces nombreux boulevards, la musique usitée
   Pour attirer les oisifs promeneurs,
Et ce jardin public, où diverses splendeurs
Fixent l'attention, font un lieu de délice
Qu'on se plaît à revoir, non comme sacrifice
Aux obligations de tel ou tel devoir,
Mais comme un grand besoin que l'homme doit avoir,
Cette distraction jetant sur l'existence
Le calme de l'esprit, suprême joüissance!...
— Mais étant en voyage, il faut le prolonger;
A demain, chère Annette; il nous faudra songer
A nous lancer enfin sur la plaine liquide.
L'émotion est là : cet élément perfide
Parfois fait réfléchir; mais enfin si la peur
Par trop nous dominait, ce serait un malheur
Qu'il faudrait éviter, car notre destinée,
Selon toute apparence, est, je crois, dessinée.
— Le matin, la vapeur est là qui nous attend,
Partons!... Vois-tu déjà l'immense mouvement
Qui s'opère à nos yeux? L'onde partout bouillonne;
Charmant Bordeaux n'est plus, et chaque instant nous donne
Un aspect varié : des villes, des rochers,
Et ces oiseaux nombreux, mouettes, pluviers,
Qui planent sur ces eaux aux lames écumeuses.
Nous sommes sur la mer!... Vois ces femmes piteuses,
Les efforts qu'elles font; quel subit changement!
Tout ce qui nous entoure apparaît larmoyant;

Ah ! c'est le mal de mer, n'inspirant nulle crainte :
Vois, déjà chacun rit sans l'ombre d'une plainte.
— Mais quelle agilité ! tout s'efface à nos yeux ;
Des eaux, un ciel d'azur, des chants aux airs joyeux :
Tout inspire ce que l'on désire en voyage.
Un temps d'arrêt s'éprouve à l'aspect d'une plage :
C'est Royan qu'on atteint, ville ayant un renom
Pour une classe oiseuse ayant, mais souvent non,
Le besoin, disons mieux, la fantastique idée
De prendre force bains dans une onde salée :
Les jeux et les plaisirs en sont secrètement,
Entre nous, les moteurs ; on s'y ruine souvent,
Et les pauvres maris !... Mais gardons le silence ;
Parfois, le partant quitte est là par excellence !...
Cette ville n'a rien que l'on puisse citer ;
Point de beaux monuments propres à visiter.
La pêche à la sardine est d'un produit immense ;
Sol fertile, agréable, offrant certaine aisance
A ce peuple en tous points actif, industrieux.
— Mais j'entends que l'on crie : En voiture, Messieurs !
On part pour Rochefort ; soyons de ce voyage.
Son port est très commode ; il a cet avantage
Qu'on l'emploie en tout temps à la construction
De ces foudres de guerre, en admiration
Par l'être studieux qui cherche à se complaire
En voyant ce que l'homme a le talent de faire.
Les mers sont un domaine ; il peut les parcourir,
Et, comme sur la terre, et les vaincre et périr.
Aussi, que d'ouvriers ! le nombre en est immense ;
Assidus au travail dès que le jour commence,
Un silence absolu, mais une activité
Qui soudain vous étonne au point d'être exalté.
Les nombreux ateliers, mus par la mécanique,
De l'art sont un prodige, et qu'à peine on s'explique :
Les bois, le fer, non, rien ne saurait résister

A l'immense pouvoir qui doit les transformer.
Des heures, non, des jours ne pourraient vous suffire
Pour visiter ce port, rendre ce qu'il inspire ;
L'État le fait mouvoir comme propriété :
Le grandiose est là par sa facilité.
— Êtes-vous dans la ville? Un charme irrésistible
Est là devant vos yeux : vous voyez le possible,
Et, toutefois, l'esprit songe à la fiction ;
De murs environnée, offrant le bastion
Pour donner, s'il le faut, son aide à la défense,
Et le tout se protége, avec art et science,
Par de puissants remparts, dont le sol verdoyant
Sert de siége au public, plaît surtout à l'enfant.
Splendides boulevards, maisons fort bien bâties;
Chaque rue alignée, et partout garanties,
Pour les nombreux passants, par de vastes trottoirs,
Sans cesse au bas desquels, les matins et les soirs,
Avec joie on y voit rouler une onde pure ;
Oui, tout, on peut le dire, imite la nature :
L'agréable et le beau se tiennent en éveil!...
— L'hôpital, en Europe, est je crois sans pareil ;
Bâtiments, propreté, direction sublime,
Le tout dans son détail transporte, vous anime :
On croirait le malade en un vrai paradis !...
En un mot, Rochefort, on l'a dit, je le dis,
Est digne du monarque au génie immortel,
Ah! de Louis-le-Grand, encore nommé tel ;
Cette ville si belle, en son nom fut bâtie
Pour servir de rempart à sa France chérie.
— Sans cesse émerveillé par les courses du jour,
Il fallait, cher ami, que le soir eût son tour;
On est Parisien partout où l'on se trouve :
Badaud, le mot est dit, et cet appétit s'ouvre
Surtout après dîner : comme digestion,
Visiter la vitrine; une acquisition

Qui semble plaire à l'œil, sans pourtant être utile,
Vous retient un moment; pour entrer, on vacille :
« Allons, allons plus loin; demain nous reverrons. »
Même hésitation; à la fin, nous voyons
Un vaisseau que l'on peut dire en miniature;
Aussitôt notre fille, animant sa figure,
Dit à sa bonne mère : « Il nous faut acheter
» Ce petit bâtiment; peut-on mieux imiter
» Ceux que nous avons vus aujourd'hui dans la rade?
» Je travaillerai bien, et jamais la boutade
» Ne viendra désormais contre moi t'irriter;
» Petite mère, entrons. » Et, pour la contenter,
Nous mîmes de côté la gêne naturelle
D'un premier mouvement pour une bagatelle.
L'objet nous fit plaisir, le prix fut accepté;
Demain nous reviendrons, mon nom est là porté :
Je remis une carte en signe d'assurance.
— Retenus par l'effet de ce lieu de plaisance,
Où s'y trouve une place aux arbres à deux rangs,
Et dont l'épais feuillage en fait les agréments,
Nous en fîmes des tours sans en compter le nombre;
Comme il se faisait tard, que la nuit était sombre,
Nous nous dîmes : Il faut regagner notre hôtel ;
Morphée a son pouvoir, on le reconnaît tel,
Surtout lorsque l'on a bien rempli la journée
A voir, à visiter où la tête est donnée.
— Après le déjeuner charmant du lendemain,
Que le café fut pris et fait de bonne main,
Et surtout que le rhum, avec dose un peu forte,
En eut fait la liqueur que par goût je supporte,
Nous fûmes retrouver le gracieux marchand.
Quelle douce surprise ! aussitôt en entrant,
L'accueil qui nous fut fait eut tout lieu de nous plaire.
La famille était là : causant avec leur mère,
Deux êtres surprenants par leur noble maintien,

Deux demoiselles, dis-je, attirèrent soudain
Nos regards étonnés; brillantes de jeunesse,
Aux attraits séduisants, de douceur, de finesse;
Nous fûmes enchantés que le destin, parfois
Si contraire à nos vœux, ait voulu cette fois
Nous montrer qu'il fallait compter sur l'espérance
Qui se plaît à jeter des fleurs sur l'existence.
— Annette indisposée !... avec empressement,
Que dis-je? effusion, fut forcée à l'instant
D'accepter la boisson en ce cas nécessaire.
On ne peut oublier un si beau savoir-faire;
Aussi je le relate, et c'est, comme toujours,
L'expression du cœur qui trouve un noble cours.
Maintes acquisitions à l'instant furent faites,
Car peut-on voyager sans faire des emplettes,
Et surtout lorsqu'on a, par un heureux hasard,
Apprécié, connu la famille Girard?
— Nous en sommes très près, allons à La Rochelle;
On nous dit que la ville est forte, riche et belle;
Eh bien! décidons-nous, en route dès demain.
Son port sur l'Océan, au dire du marin,
Est commode et très sûr, a l'immense avantage
De servir de chantier; cette admirable plage
Saisit d'étonnement tout homme observateur.
Cette ville de guerre a certaine splendeur;
La place du château mérite d'être vue;
Elle est, on peut le dire, avec art défendue :
Au grand roi Louis quatorze elle doit son renom.
Peut-on la dire belle? En conscience, non.
Quelques maisons sont bien : arcades et portiques
Ne sont plus de nos jours; grand nombre de boutiques
Y figurent, et même offrent un avantage :
Qu'on peut les visiter à l'abri d'un orage;
Mais, en un mot, l'aspect n'en est pas gracieux;
Taisons-nous, puisqu'ainsi le voulaient nos aïeux !..

— Après un bien grand jour de fatigue réelle,
Nous avons dit bonsoir à La Rochelle,
Pour rejoindre les lieux depuis longtemps quittés.
La chienne, les oiseaux et les chats ajoutés
A notre indispensable et bruyante famille,
Avaient soif de nous voir; en eux l'amitié brille
De ce pouvoir pressant qui nous met au-dessous
Des nombreux animaux qui vivent près de nous;
On les bat, les délaisse; ils ont l'intelligence
De s'attacher à nous comme une providence.

Je vous revois avec plaisir
Après une si longue absence;
Venez accomplir mon désir,
Montrez toujours cette science,
Par trop étrangère aux humains :
Celle qu'amitié vous inspire;
Je la possède, ayant en main
Ce qui, je crois, doit la produire.

Caresse, nourriture, tout
Ce qui doit plaire à l'existence,
Peut-on trouver cela partout?
Vous me direz non, je le pense;
Alors, chantez, amusez-moi,
Que tendre amitié soit pareille;
Ainsi s'éprouve vif émoi,
Et, dès lors, la peine sommeille.

Voilà, mon cher ami, simple narration
Du trajet que j'ai fait avec l'intention
De chasser les ennuis qu'offre la solitude;
Ils s'échappent sans doute au moyen de l'étude;
Mais la diversion est un pressant besoin
Dont on doit faire usage, et surtout avec soin.

La bourse et la santé, selon l'avis du sage,
Doivent aller de pair lorsqu'on fait un voyage.
En rentrant au logis, l'une et l'autre étaient bien;
Alors, adieu l'huissier et point de médecin.
Seulement une chose est là, que je dois craindre :
Tu vas trouver bien long ce récit, et te plaindre;
Mais, non! la patience étant une vertu,
Tu souriras, disant : serait-ce un impromptu?

La Croix de Louis XII.

Plus on est élevé par le rang, la naissance,
Plus on a de jaloux : ce cruel sentiment
Rejaillit avec force, et, par son influence,
Finit par irriter, serait-on patient!...
Bien louable est celui qui se fait un mérite
De le mettre à néant, de suivre le chemin
Que trace la raison, vrai sentiment d'élite,
Ah! le seul qui devrait guider le genre humain.
— Louis *douze* en a donné l'exemple que l'on cite,
Que, sans doute, il devait à la religion.
 A peine assis sur le trône de France,
Sans avoir dans le cœur cruelle intention,
Fit sur son *agenda*, sous le sceau du silence,
Une liste, surtout de ces fades bavards
Qui salissent le seuil d'une auguste demeure
Par leurs pas incessants; en tout faisant leurs parts

Et par obsession obtenant la meilleure,
Et marqua d'une *croix* le nom d'un chacun d'eux,
De ceux, dis-je, surtout dont il pouvait se plaindre
Quand il n'était que prince, alors moins soucieux.
— C'était un souvenir que l'on ne pouvait craindre;
Sa belle âme était loin, tôt ou tard, de vouloir
Faire peser sur eux le poids d'une vengeance;
Ce n'était qu'une idée, et la faire valoir
N'avait alors qu'un but caché par le silence.
Oui ; mais telle vertu ne pouvait se trouver
Dans le palais d'un roi; cette foule compacte
Qui l'encombre veut voir souvent pour arriver
A se faire un renom, citant tel ou tel acte
Ignoré du public par intérêt majeur.
— Un beau jour *l'agenda*, sous une main hardie,
Tomba bien par hasard, et le nom de l'auteur
Qui se trouvait coupable au moins de perfidie
Y figurait, portant en regard *une croix*.
Il en était ainsi de ces gens à faconde
Pouvant se reprocher d'avoir par trop de fois
Méconnu les devoirs qu'on se doit en ce monde.
Cette liste, à l'instant, n'était plus un secret,
Et, partout propagée, inspira cette crainte
Dont le méchant redoute ou plus ou moins l'effet.
Presque tous aussitôt, craignant une contrainte,
Une punition de tel ou tel méfait,
Sans le moindre délai voulurent prendre fuite.
Aussi prompts que l'éclair, et le mal et le bien
Circulant ici-bas dans le palais de suite,
Ce fut de tous côtés un néfaste entretien,
Mais qui n'eut que l'effet d'une simple allumette
Par ces mots précieux dignes d'un roi chrétien :
« Mon âme ne saurait, Messieurs, être sujette
» Au noir ressentiment sur le trône où je suis;
» En regard de vos noms, la croix que j'ai tracée

» N'aurait dû fatiguer vos trop faibles esprits :
» Elle était un indice agréable en pensée,
» Mais non d'une vengeance indigne de mon cœur.
» A jamais, croyez-moi, mes paroles sont pures,
» Et, comme celle, hélas ! du divin Créateur,
» Cette croix est pour vous le pardon des injures. »

Admirable Patience.

ANECDOTE MORALE.

Dans une grande ville, à Toulouse, dit-on,
  Il existait un ecclésiastique,
Un prêtre vénéré qui s'appelait Queyron.
Sa fortune, disons son aisance modique,
Était loin de répondre aux qualités du cœur ;
  Mais sa parole évangélique
Lui donnait le moyen d'adoucir le malheur :
  Les pauvres le nommaient leur père,
Car il trouvait toujours, par la douce prière,
  Le moyen de les subsister.
  — Une femme tout éplorée,
Mère de quatre enfants, sans ressource assurée,
  Près de lui vint se présenter,
Disant qu'un créancier, par sa simple requête,
Venait de faire mettre en prison son mari,
Ne pouvant acquitter une assez forte dette.
Ah ! j'implore un secours !... Le bon prêtre, attendri
Par ce cruel tableau, laissa couler des larmes,
Se trouvant démuni par l'aumône du jour.
Que faire, se dit-il, pour soulager des âmes
Dont l'excès du malheur inspire de l'amour ?

— Chez un négociant ayant belle fortune
Il accourt aussitôt; sous de brusques dehors
    Son âme n'était point commune,
    Affables étaient ses abords;
Mais il est des moments parfois peu favorables,
Surtout lorsqu'il s'agit d'implorer des secours;
Celui-ci se trouvait de ceux bien déplorables,
    Car ce marchand, sans espoir de recours,
Apprenait qu'il perdait une très forte somme
Devant porter cruelle atteinte à son avoir.
A ces horribles coups, trouverait-on un homme
Qui pourrait conserver cet imposant devoir
    Que la raison désire et dicte?...
    — Dès l'humble salutation,
Queyron veut exposer l'objet de sa visite :
    — « Encor, vous voilà, lui dit-on
  » Avec l'accent approchant la colère?...
    — » Ah! pardonnez, si vous saviez, Monsieur...
— » Je ne veux rien savoir, et, pour me satisfaire,
» Retirez-vous, sinon, je puis craindre un malheur!
— » Mais ma pauvre famille, ah! que deviendra-t-elle?
» Par pitié, je vous prie! » — Alors, exaspéré
    D'une insistance en ce moment cruelle
Par la perte d'un gain qu'il croyait assuré,
    Soudain notre marchand s'oublie
    Au point de donner un soufflet
    Au vénérable apôtre qui supplie.
— Ce dernier, maîtrisant l'émotion d'un fait
    Qui caractérise l'outrage,
Offrant son autre joue avec cette douceur
Dont le prêtre toujours fait un sublime usage,
Lui dit : — « Tenez, Monsieur, je mets à part l'humeur
» De l'acte à déplorer commis sur ma personne;
    » Frappez une seconde fois!...
    » Par ma bouche, Dieu vous pardonne;

15

» Je ne fais que ce que je dois :
» *Le pauvre est ma famille, et j'implore pour elle!...* »
— L'impassibilité de cet homme de Dieu,
Ah! que l'on peut dire héroïque,
Pour le négociant fut comme un trait de feu :
Ouvrir son coffre-fort fut sa seule réplique.
— « Prenez, dit-il, prenez, cela vous est permis.
— » Non, Monsieur, je reçois de cœur ce qu'on me donne;
» Prendre serait un vol commis;
» Divine charité dépend de la personne. »
— Stupéfait de son action,
Et du prêtre admirant cette vertu suprême,
Montrant jusqu'où va l'abnégation,
Notre négociant plonge sa main lui-même
Dans un gros sac plein de pièces d'argent,
Et, sans en rechercher le nombre,
Les met dans le chapeau de l'humble suppliant
Qui se mit à sourire en évitant l'encombre.
— La dette fut payée, et sorti de prison,
A sa famille désolée
Un père fut rendu, grâce au prêtre Queyron,
A sa noble conduite à jamais signalée.
— Honteux de son emportement,
Soudain, le trop irascible marchand,
Pour prouver que sa peine était vive et sincère,
Comme un prompt repentir voulut publiquement
Avouer cette faute, ajoutant la prière
Pour en recueillir le pardon.

CONCLUSION.

Puisse ce trait sublime de morale
De douce *patience*, où se trouve le don
De cette vertu sans égale
Qui nous grandit : *la charité,*
Porter son heureux fruit dans la société.

Couplets

POUR LE MARIAGE DE M. ALFRED DE SAINT-PAUL.

L'exemple est parfois un délire
Chez les hommes, les animaux;
On en doit redouter l'empire,
Car ses effets sont inégaux :
Les uns nous font verser des larmes,
Ceux que repousse la raison;
Mais il s'en trouve dont les charmes
Deviennent une passion.

L'Amour et Bacchus, dans ce monde,
Se disputent souvent leurs droits;
Partout on les flatte à la ronde;
A-t-on raison? Je ne le crois,
Car l'un et l'autre sont perfides;
Ils applaudissent aux excès,
Alors délaissent les timides :
C'est peut-être un de leurs bienfaits.

Toutefois, ils sont nécessaires;
S'ils font du mal, souvent le bien
Met à néant les soucis, les misères,
Et l'on se dit : le mal n'est rien.
Parents, amis, faisons de même,
Caressons ces aimables dieux :
L'Amour ordonne que l'on aime,
Bacchus veut que l'on soit joyeux.

De nos pères suivons l'exemple :
Aimer et boire étaient leurs chants;

Leur existence se contemple,
Soyons donc leurs dignes enfants.
Mais je vois qu'en cette journée
Rien, non, rien n'est à désirer;
Voyez les flambeaux d'hyménée :
Le *oui* vient de se prononcer.

Aussi, les cœurs sont à la joie :
Amour sourit; le dieu du vin,
Pour nous satisfaire, déploie
Ici ce qu'il a de plus fin.
Buvons, chantons, et que la danse
Vienne se joindre à nos ébats;
Du bonheur n'est-ce pas l'essence?
Prouvons qu'on le goûte ici-bas.

Ah! pour les époux, où les grâces
Et les talents sont réunis,
Amis, suivons les nobles traces
De nos aïeux toujours chéris.
A leurs santés buvons encore;
Tous, proférons d'aimables vœux,
Et que la matinale aurore
Demain nous retrouve en ces lieux.

Pour un moment laissons nos verres,
Plus tard nous saurons les remplir;
Au vif éclat de ces lumières,
Dont l'art heureux est d'embellir,
Contemplons ces attraits suaves,
Ces atours aux goûts délicats;
Rien ne peut mettre des entraves
A nos transports, à nos ébats.

Dansons, mais après allons boire;
La vue a bien ses doux moments :

Elle grave dans la mémoire
Des souvenirs les plus touchants.
L'Amour en triomphe sans cesse,
Mais Bacchus veut avoir son tour;
Que tous les deux comblent l'ivresse
Qui nous transporte en ce beau jour.

« Ah! pour les époux, où les grâces
» Et les talents sont réunis,
» Amis, suivons les nobles traces
» De nos aïeux toujours chéris.
» A leurs santés buvons encore;
» Tous, proférons d'aimables vœux,
» Et que la matinale aurore
» Demain nous retrouve en ces lieux. »

La Providence.

Se lamenter, se plaindre est un besoin pressant
    Pour la trop faible espèce humaine;
L'amertume d'un mal, ou plus ou moins cuisant,
Fait qu'un chacun de nous critique, se déchaîne;
A l'avouer je dois enfin me décider.
    Contre l'auguste Providence,

Et sans jamais se demander :
Mais, de ce resultat, quelle est la provenance?
Nous est-il mérité?... Cruelle impatience
   Se montre avec tous ses dégoûts,
Sans oser se flatter d'une fin désirable
   Qui, parfois, n'est pas loin de nous:
  Oui, mais l'attente en est insupportable.
   — Un célèbre prédicateur,
Et c'était en carême, au temple du Seigneur.
  Par son esprit, sa puissante éloquence
A faire allusion à la sainte croyance,
Appelait chaque soir la masse des chrétiens.
  Parmi ce nombre, et même on doit le croire,
En fait de sentiments chacun gardait les siens;
La ferveur ne pouvant devenir illusoire,
Divin respect offrait un tableau mérité.
— Un jour un inconnu, portant sur sa figure
   Le cachet de l'honnêteté,
  Vint le trouver : « Sous un habit de bure,
 » Dit-il, je vais, et c'est rare en nos jours,
» Vous prier de bénir une tête exaltée.
» Voulant faire du bien par votre seul concours,
» *Voici trois mille francs*, la somme en est comptée;
» Aux vrais pauvres veuillez vous-même en faire un don.
» — Je ne puis que louer une idée aussi belle,
» Dit le prédicateur plein d'admiration;
» Oh! oui, dans notre siècle elle est surnaturelle;
» Toutefois, je ne puis, par ma dévotion,
» Accepter de remplir votre commission.
   » Hélas! où siége la misère,
 » Bien mieux que moi vous pouvez le savoir;
» Par vous-même agissez; le pauvre a sa prière :
» Elle sera le prix d'un si noble vouloir. »
— L'inconnu supplia d'une telle manière
Que le prédicateur finit par accepter,

Mais sous condition expresse
Qu'il lui fût indiqué, sans plus tard consulter
Ce qu'il faudrait qu'il fasse avec sagesse
Pour disposer d'un pareil don.
— « Qu'il soit pour la pauvre personne,
» Mais honnête surtout, qui vous demandera,
» Selon ses besoins, une aumône ;
» Ainsi, par vos soins, ce sera
» Une œuvre de la Providence. »
— Dès le soir, le prédicateur,
Fier de voir à son prône une sainte affluence ;
Pour texte prit notre divin Sauveur,
Développa, dit-on, avec rare éloquence,
Ce passage du livre saint :
Dieu n'a jamais abandonné le juste,
Ni sa postérité surtout manquer de pain.
— Le sermon, enrichi par sa parole auguste,
A peine fut-il terminé,
Et la foule bientôt se trouvant écoulée,
Qu'il vit soudain un homme à demi prosterné
Qui, l'abordant, lui dit : « Mon âme est ébranlée
» Par votre accent divin ; mais je viens vous offrir
» Une preuve contraire à vos saintes paroles :
» Depuis vingt ans j'ai dû souffrir
» Par maintes espérances folles ;
» Toutefois, je cherchais à servir le Seigneur,
» En demandant son assistance
» Pour vivre en chrétien plein de cœur ;
» Eh bien ! pour moi, lorsque le jour commence,
» La misère m'épuise, et vois avec douleur
» Que mes enfants, leur digne mère
» Auraient besoin d'avoir ce qu'ils n'ont pas : *du pain !*
» En Dieu ma confiance était vive, entière ;
» Mais à plaindre aujourd'hui, je le serai demain :
» Je ne saurais alors croire à sa Providence.

» — Ah! mon ami, détrompez-vous;
» En la bonté de Dieu gardez votre croyance;
» Sans y compter, parfois, les moments les plus doux
» Viennent faire oublier les soucis et les peines.
» Votre malheur n'est point comme vous le pensez;
» Vos prières pourront enfin, jointes aux miennes,
 » Faire oublier vos maux passés,
 » Qui ne sont point une preuve contraire
» De ce que je voudrais vous faire partager :
 » *Que Dieu jamais n'est sourd à la prière*,
 » Et je ne puis mieux vous le témoigner :
  » Tenez, recevez avec joie
  » La somme de *trois mille francs;*
  » Elle est à vous, Dieu vous l'envoie!
» Ne faites donc plus pacte avec les mécréants. »
 — Des larmes de reconnaissance
S'échappèrent soudain et même en abondance
 Des yeux du pauvre, transporté
 Par une joie inespérée.
 Venant du ciel, ce don fut accepté;
Alors, de Dieu puissant admirant la bonté,
Il fut en toute hâte, ayant l'âme enivrée,
Rejoindre sa famille, annoncer son bonheur.
Sa femme et ses enfants, à l'instant pleins d'ivresse,
Prononcèrent ces mots, seuls dictés par le cœur :
« Mon Dieu! par ton pouvoir notre misère cesse;
 » Comble de bénédictions
» L'homme pieux qui voile ainsi ses actions;
» Puisse-t-il en avoir un jour la récompense
» Par les divins effets de ta haute puissance. »

La Frugalité.

Les questions souvent deviennent des besoins
Pouvant faire jaillir sur tous, sur la science
Une lumière utile; amuser pour le moins
La classe curieuse, eh! qui ne sait d'avance
Combien son nombre est grand dans le siècle où le mal
   Est la vertu par excellence?
   Si l'on voyait un rôle égal,
   Je veux dire une balance
   Entre la curiosité,
Le désir qu'il faudrait pour se rendre service,
La question serait un devoir écouté;
Mais, hélas! on n'y voit que poindre la malice!...
Qu'y faire?... Répéter : la rare exception
Qui pourrait devenir une belle leçon!...
L'histoire m'en donne une, et suis prêt à la faire :
  — Un jour, au roi de Sicile, dit-on,
Dans un de ces moments où l'on peut se distraire,
Remarquant qu'il mettait beaucoup d'eau dans son vin,
Un de ses grands seigneurs qui faisait le contraire,
Lui dit : — « Vous altérez, sire, ce jus divin;
» Vous avez un motif qui vous guide, sans doute?
» — C'est vrai, répondit-il; pouvez-vous ignorer
  » Que l'on doit faire fausse route
  » Par le vice de s'enivrer;
  » En ce pitoyable état, l'homme,
» N'ayant plus sa raison, ne pourrait même pas
  » Se comparer à la bête de somme
» Dont l'admirable instinct la dirige en tous cas. »
  — Ce même roi, selon l'histoire,
Un certain jour campait devant son ennemi.

Ce qu'elle nous rapporte, il nous faut bien le croire,
Car pour la vérité, non, rien n'est à demi ;
  Eh bien ! le dieu qui nous éclaire
   Ayant quitté le firmament,
D'un voile obscur la nuit enveloppant la terre,
  La faim, ce besoin dévorant,
Se faisait ressentir dans sa brillante armée,
Et le roi se trouvait dans ce pareil état.
Comme l'âme, ici-bas, doit être accoutumée
Au mal, au bien ; qu'entre eux sans cesse elle s'ébat,
Il n'en gémissait point, et, par un noble exemple,
Espérait amoindrir la crise du moment :
Que serait le soldat voyant le chef qui tremble ?...
Un de ses officiers, mû par le sentiment
  D'une action et noble et généreuse,
Heureux de posséder simple morceau de pain,
   Avec la forme gracieuse
  Que le cœur dicte auprès d'un souverain,
Pria de l'accepter. « Non, je vous remercie ;
  » En ce moment, votre offre s'apprécie,
  » Lui dit le prince avec effusion ;
» Si je ressens la faim, je puis, je dois attendre ;
» L'exemple est un devoir qu'impose la raison :
   » Il faut alors savoir m'y rendre.
» Eh bien ! je mangerai, mes amis, comme vous,
  » Si, toutefois, la victoire est à nous. »

La Piété filiale récompensée.

La piété filiale est de nos jours si rare,
Qu'en douter un moment serait à pardonner ;
  La raison trop de fois s'égare,
Et le plus saint devoir, ah ! se fait soupçonner.

Pourtant cette piété, comme l'a dit le sage,
Est une céleste vertu,
Une vertu, précieux gage
Que le cœur n'est point abattu
Par ce sombre ennemi, le vice
Qui, par divers excès, corrompt le cœur humain.
— Un jour, cette piété montre-t-elle un indice,
Un exemple doux et certain
Que ce beau sentiment donne un signe de vie?
Le mettre en évidence est un pieux devoir,
Et l'âme, à l'accomplir, en devient réjouie;
Un bien touchant récit m'en offre le pouvoir.
— Des malheureux, détenus par justice
Dans un des lieux construits à cet effet,
Balayaient une rue, en ôtaient l'immondice.
Un jeune homme passant, et témoin de ce fait,
S'approche de l'un d'eux, lui prend sa main débile,
L'embrasse avec effusion,
Et des larmes soudain coulèrent; inutile
De cacher cette émotion :
Elle émanait du cœur, c'est dire bien profonde!...
— Cette action avait eu pour témoin
Un magistrat, de ceux que l'on cite en ce monde,
Sachant apprécier, remarquant avec soin
Tel acte qui pourrait être répréhensible,
Comme celui que l'on doit applaudir.
Sans trop tarder, il fit venir
Près de lui cet enfant, dont le calme visible
Déjà plaidait en sa faveur,
Et doucement lui dit : « Votre inexpérience
» Vient de vous induire en erreur :
» Un repris de justice est digne d'assistance,
» La loi, l'humanité le commandent toujours;
» Mais embrasser sa main par une circonstance
» Dont le but est caché, pourrait donner un cours

» A la suspicion et devenir sévère !
» — Eh ! répondit l'enfant tout en versant des pleurs,
» *Si ce prisonnier est mon père !...* »
— Il est de ces élans qui deviennent vainqueurs
De l'incrédulité, telle qu'elle puisse être ;
Le digne magistrat fut soudain attendri,
Voyant chez un enfant à tel point apparaître
Un degré de vertu qui, chez l'homme mûri,
Souvent lui fait défaut durant son existence !...
Il lui fit assurer un emploi lucratif,
Et lui constitua, même en survivance,
  Sur le plus clair de son actif,
   Une pension assez forte.
   — Ce ne fut qu'un premier bienfait :
   Fort peu de temps après, la porte
   Qui, par un arrêt, retenait
Éloigné de son fils un bien malheureux père,
Fut ouverte sans peine, un repentir sincère
  Chez ce dernier s'étant fait remarquer,
Ce bon fils eut alors la douce jouissance,
  Par un hasard que l'on peut expliquer,
Pour l'auteur de ses jours d'être une providence.

— Potentats, grands seigneurs, du digne magistrat
Commentez la leçon, et n'oubliez pas celle
Qu'à la jeunesse un fils donne pleine d'éclat :
  C'étaient deux cœurs à la flamme immortelle,
Dont la piété dictait un sublime devoir,
Mais, hélas ! de nos jours, qu'on ne peut qu'entrevoir !...

La Flatterie.

HISTORIQUE.

Canut, roi d'Angleterre, avait pour les flatteurs
Un mépris reconnu, poussé jusqu'à l'extrême;
Ils étaient, d'après lui, comme ces vils acteurs
Que l'on voit dans la rue, et qui s'offrent quand même
   Le dégoût s'attache à leurs pas.
— Un jour qu'il se trouvait libre de ces tracas
Qui fatiguent surtout la tête couronnée,
Sur le bord de la mer, pensif, se promenant,
   Et son âme impressionnée
  Par cet utile et fougueux élément,
Un de ces beaux diseurs qu'il traînait à sa suite,
Prenant un air affable, au moins s'en affublant,
Lui dit : « Vous êtes, Sire, en cet endroit d'élite,
» Le puissant souverain : la terre, la mer, tout
» Ce qui brille en ces lieux est sous votre puissance. »
— Dédaignant de répondre à cette extravagance,
Et sa haute raison étant poussée à bout,
   Détachant son manteau, le prince
Près des ondes le mit; il se plaça dessus,
  Et voyant s'approcher le flux,
S'adressant à la mer : « Tu n'es qu'une province
» Dépendante, dit-on, de mon autorité;
  » Ton maître alors doit être respecté :
  » Arrête-toi, c'est moi qui te commande. »
— Avec étonnement on écoutait ces mots,
  Lorsque soudain, contraire à sa demande,
On vit aux pieds du roi mugir les premiers flots.

« Voyez, dit-il, si ma puissance
» A sur la mer de l'ascendant !
» Par cette simple expérience,
» Apprenez, flatteurs du moment,
» Que ni vous ni les rois n'atteindront la science
    » De gouverner tout ici-bas ;
» Dieu seul, le créateur du ciel et de la terre,
» A ce pouvoir : il est suprême et nécessaire,
» Car les hommes entre eux ne s'accorderaient pas. »
— Ce même jour, le roi se rendit à l'église ;
Sur la tête aussitôt du Dieu crucifié
Il mit son diadème, adopta pour devise :
    On voit comme certifié
Que Dieu seul est puissant et gouverne le monde.
— Le roi, dès lors, et par conviction profonde,
S'imposa le devoir de mettre de côté
Les insignes flatteurs de souveraineté.

La Sincérité.

En Afrique, en un temps, la persécution
Semblait être un devoir comme religion ;
Les chrétiens ne savaient où reposer leur tête :
Autour d'eux et partout mugissait la tempête.
L'évêque de *Bagaste*, en ces affreux moments,
Devint un père actif pour ces êtres souffrants,
Et, toujours secondé par son âme pieuse,
Pour eux sa fermeté fut grande et généreuse ;
On pourrait en citer des exemples nombreux,
Mais un seul doit suffire : il était épineux.
— *Firmin* était le nom de ce précieux père.
Un chrétien qu'il aimait se retirant chez lui,

Des sbires, un jour, avec ordre sévère,
Vinrent pour l'enlever, n'importe son appui.
Cette sommation précise, mais brutale,
De la part de l'évêque eut la réponse : « Oui,
» Celui que vous cherchez, à ma table s'installe;
» Vous le livrer, jamais! Si vos ordres sont tels,
» Fouillez, faites de moi, la force a de l'empire,
» Tout ce que vous voudrez; mais, par les saints autels,
» Vous ne saurez, vous dis-je, où ce chrétien respire! »
— Promesses, ce qui peut et forcer ou séduire,
La torture enfin, tout fut mis en action
Pour vaincre, en ce prélat, fière obstination;
Tout devint impossible, malgré ce qu'on pût faire;
Et seulement il dit : « *Je puis savoir mourir,*
 » *Ma conscience est là; je n'ai rien de contraire*
    » *A ce puissant appui que je vénère.* »
— Ce courage héroïque eut le don d'attendrir
La bande soldatesque. Instruit de la constance
De ce digne prélat, aussitôt l'empereur,
Plein d'admiration, en son omnipotence,
Gracia le chrétien comme prédicateur
Et fit féliciter l'évêque de *Bagaste*,
L'engageant d'oublier un jour aussi néfaste.

— En lisant ce récit, un jour, saint Augustin
S'écria : « Quel courage! ô vertu que j'admire,
» Viens sans cesse éclairer le faible genre humain!
» Evêque vénérable, ah! moi-même j'aspire
» A mériter la gloire attachée à ton nom :
» Dans le ciel est ta place, ici-bas ton renom. »

Anecdote historique & morale.

VIGNON, Marie, était ouvrière à Bordeaux,
Cardait des matelas; vive, laborieuse
Et de bonne santé, ses jours sans être beaux,
Disons peu lucratifs, loin d'être malheureuse,
Remerciait le ciel de la tranquillité
Dont elle jouissait sur cette triste terre.
« Mon travail est pénible, aride, en vérité;
» Mais, par une conduite, on peut dire exemplaire,
» Je vois, se disait-elle, arriver maintes nuits,
» Sans gémir sur le sort de certaines journées,
» L'ordre et l'économie étant de bons appuis
» Pour sourire s'il vient de cruelles années.
» Enfin, l'on nous a dit : Tout est bien ici-bas.
» Je jouis du passable; eh bien! point de tristesse :
» Je chante et je souris, cardant des matelas;
» Quelques lazzis parfois rappellent ma jeunesse.
» Cette diversité ne saurait être un mal;
» Fine plaisanterie est partout acceptée;
» Rien à me reprocher, alors tout m'est égal :
» Le mot léger ne peut avoir une portée. »
— Au printemps de son âge, allant en pension,
VIGNON, parmi le nombre, il est considérable
A la ville, au village, en tendre affection
S'était liée avec une fillette aimable :
   DUBOIS, Sophie, était son nom.
Une fois dans le monde, et richement parée
  Par la nature, ingrate maintes fois,
La charmante Dubois fut tellement priée
Que le *oui* désiré, mais malheureux parfois,
Enfin, aux pieds d'un saint autel se fit entendre :

C'était un officier qui posséda son cœur.
— Bien des printemps avaient su rendre
A la nature sa splendeur,
Que ce couple goûtait la joie intérieure :
Celle que l'amitié seule peut procurer.
Victor, par sa conduite, et par ce qui demeure,
Un courage éprouvé, sachant tout endurer,
Tout ce que la raison commande,
Avait vu par degrés, et jamais par faveur,
Grandir son bel état, cet état qui demande
Une abnégation de tout acte trompeur,
D'une frivolité qui, chez le militaire,
Est plutôt un défaut qu'un mérite à louer;
Mais il est une loi qui, par trop tôt, fait taire
Douces illusions, et vivement prouver
Que tout, plus tôt plus tard, doit finir sur la terre.
Chef d'un beau régiment, le malheureux Victor,
Tout couvert de lauriers, la poitrine bardée
De croix et de rubans préférables à l'or,
Par une canonnade à cruelle bordée,
Hélas! dut succomber!... Adieu doux entretiens
Et paisible bonheur, ce bonheur de famille :
Tout se trouvait brisé!... Dès lors, plus de liens,
De ces liens qui font que l'existence brille!
Pour madame Victor tout charme dut cesser.
Jeune encor, chaque jour devenait une année;
La douleur était là, ne pouvant qu'oppresser
Un cœur déjà flétri par une destinée
Qu'elle n'osait prévoir, car tout lui souriait.
Alors elle devint sous peu méconnaissable;
Ne pouvant travailler, le besoin se montrait,
Et l'état de Sophie en était déplorable.
Son caractère, aigri par ses vives douleurs,
L'avait rendue insupportable;
Aussi, parents, amis, hélas! aux faibles cœurs,

Sans pitié l'avaient délaissée !...
— C'est alors que Vignon, qui, depuis bien longtemps,
Ignorant son asile, avec l'âme oppressée
Apprit tous ses malheurs; sans perdre des instants
    Dont elle eût pu gémir peut-être,
  Fut la trouver; son guide était puissant :
    C'était le cœur, ce divin maître,
    Qui suggérait ce vif élan.
Elle la fit soudain porter dans sa mansarde,
    Et, pour l'assister de son mieux,
Dans son triste réduit, cherche, fouille, regarde
    Si quelque objet, sans être précieux,
En le vendant et joint à son mince pécule,
La faciliterait dans les nouveaux besoins
    Prêts à surgir, où le cœur ne recule
Devant aucun obstacle, entendons-nous, au moins :
    Celui que la raison commande !
Pour que sa douce amie acceptât sans remords
    Ce que l'être souffrant demande,
Elle eut soin de cacher sous d'affables dehors
Peines, privations, dont chaque jour le nombre
    Grossissait malgré son travail;
Alors, sans le vouloir, elle devenait sombre,
Et voyait l'avenir comme un épouvantail.
Enfin, pour prolonger la bonne œuvre entreprise,
L'excellente Vignon, cet ange de bonté,
    Avant que le besoin lui dise
Qu'il fallait une fin à cette charité,
    Pendant deux ans, mais toujours en cachette,
Elle se nourrissait et de pain sec et d'eau !...
    — Faut-il ici que je répète
    Que chaque chose a son niveau,
    Et qu'en ce monde tout finisse ?
Après de bien beaux jours, un hiver rigoureux
    Vint en offrir de longs, de douloureux;

Le travail languissait : c'était un préjudice
  Qui se faisait cruellement sentir.
    — A Paris Marie était née ;
  Elle pensa que, dans ce tourbillon,
Dans cet amas de monde, on gagnait sa journée
Avec facilité, surtout si la raison
Guidait sans cesse, et que, par la conduite,
On s'attirait l'estime, on se faisait un nom.
Le besoin étant là, qui bien souvent excite
A suivre telle ou bien telle aspiration,
Le départ pour le gouffre, en un mot, la grand'ville,
Sans par trop réfléchir, soudain fut arrêté.
    Pour Sophie il était utile :
    Sombre, caractère irrité
    Par son état de cruelle souffrance,
Grande distraction devenait un besoin.
Mais comment aboutir au projet en instance ?
Et le jour et la nuit il lui fallait un soin
Que la tendre amitié, que même le courage
    A chaque instant pouvaient seuls inspirer ;
Peut-être la guérir : ce sentiment soulage !...
Peines, difficultés ne sauraient résister
A cet entraînement que le cœur si bien dicte.
Alors Marie, avec son abnégation,
Héroïque est le mot, fit construire au plus vite,
    Sans élégance, un léger phaéton ;
Y mit un matelas, et, d'espèce nouvelle,
Fit un lit pour Sophie. Elle paya d'abord,
    Vendant les meubles, la vaisselle,
    Le peu d'objets qui lui restaient encor,
Et, dès le lendemain, s'attelant elle-même,
Prit l'énorme chemin qui conduit à Paris.
    Un tel projet était extrême ;
Mais le cœur est puissant quand il est bien compris !...
— Ah ! comment relater les souffrances, les peines

De la pauvre Vignon, être surnaturel?...
A ce récit mon sang s'arrête dans mes veines;
Mais il est un devoir pour moi sacramentel :
De louer le mérite en le faisant connaître.
— Dès que l'astre du jour commençait à paraître,
La femme courageuse, appuyant sur ses bras
De modestes brancards, hélas! s'attelant, dis-je,
Se mettait en voyage, espérant un prodige :
   Que son cœur ne fléchirait pas.
Mais la fatigue était chaque jour excessive;
Les besoins de la vie étant à désirer,
C'était la charité, par trop de fois hâtive,
  A contre-cœur, qu'il fallait implorer !...
   La nuit, dans de simples villages,
Dans des granges, hangars, à l'abri des grands vents,
Elle se reposait; à l'exemple des sages,
   Point de murmures : ses moments
S'employaient à pourvoir, dans un lieu charitable,
Au premier des besoins : du pain; à réchauffer
Les membres refroidis par un temps détestable
De celle qu'elle aimait; après quoi se coucher
Bien près du phaéton, sur des débris de paille,
  Pour lui donner des soins s'il le fallait.
Parfois, même souvent, c'était une trouvaille
De se faire un tel lit; mais le tout s'acceptait.
   Ah! toutefois, jamais la moindre plainte;
    Atteindre le but désiré,
Eviter le danger, tout faire sans contrainte,
Etait son vœu : le mal devenait ignoré.
— Après quinze grands jours d'une fatigue extrême,
  Elle put voir la ville d'Angoulême;
Le lever de l'aurore annonçant un beau jour,
S'étant alors plus tôt, ah! disons-le, attelée,
   De fort bonne heure on la vit installée
   En cette ville, en un détour

D'une grand'rue allant sur une place,
Celle du principal marché.
A la fatigue enfin le courage s'efface :
L'héroïne VIGNON ayant par trop marché,
Et le besoin de nourriture
Se faisant ressentir, hélas! plus que jamais
Dans son maintien, sur sa figure,
Les yeux de la pitié s'arrêtaient sur ses traits!...
Elle allait perdre connaissance,
Lorsqu'une dame à l'air grave et décent
Vint offrir un secours qu'elle voyait pressant.
Hélas! il est une science
Propre à la femme : elle juge à l'instant,
Pour prévenir, calmer le mal, ce qu'il faut faire ;
Eh! qui la dicte? C'est son cœur!...
— Rendue à son état à peu près ordinaire,
Sur la demande où la douceur
Semblait faire un devoir de naïvement répondre,
VIGNON, sans hésiter, mais les larmes aux yeux,
Pria de ne point la confondre
Avec la bohémienne allant en divers lieux
Quêter la charité, qui ne saurait répondre
A sa fade importunité.
Avec ce doux accent empreint de vérité,
Elle dit : « Le dur sacrifice
» Que, depuis bien longtemps, je fais de ma santé,
» Ne saurait être un artifice;
» Mon action est celle que le cœur
» Sans cesse ressent, me suggère
» Pour une amie, hélas! dont le malheur,
» Brisant une chaîne bien chère,
» L'a réduite à l'état où vous pouvez la voir. »
— Elle en fait le récit, et la dame, attendrie,
Lui dit : « Venez chez moi, je puis vous recevoir,
» Ainsi que la pauvre Sophie;

» Après quelques jours de repos,
» J'adoucirai votre voyage;
» Votre sublime cœur et le mien sont égaux,
» Et Dieu pourra les juger à l'ouvrage. »
— Les soins les plus actifs, à l'instant ordonnés,
Adoucirent les lassitudes
Des deux êtres infortunés ;
Le tout se faisait sans études :
En faut-il quand le cœur dirige l'action ?
Après huit jours, cette dame admirable
Mit de côté le trop lourd phaéton,
Et, par un moyen confortable,
Les fit arriver à Paris.
— Marie, en sa ville natale,
Avait conservé des appuis;
Aussi, sans trop tarder, n'ayant point son égale
En conduite, en activité,
Chaque jour arrivait l'ouvrage,
Remis avec dextérité ;
Aussi bientôt un modeste ménage,
Mais confortable, fut monté.
Sophie alors, avec tendresse,
Oubliant des jours malheureux,
Put, avec un reste d'ivresse,
Juger que l'amitié ne peut rompre ses nœuds.
Ses derniers jours s'écoulèrent paisibles ;
Elle eut la satisfaction
De prononcer ces mots avec effusion :
Que tes décrets, mon Dieu, ne soient jamais nuisibles
A celle à qui je dois de t'adorer encor;
Marie, adieu : je vois à mes côtés la mort !...

CONCLUSION.

Jeunesse d'ici-bas, en lisant cette histoire,
Si votre cœur vibre par l'amitié,

Puisse-t-elle vous faire croire
Qu'il faut vénérer la pitié.
Cette vertu sublime est nécessaire;
Elle est le reflet d'un bonheur
Qu'on cherche à goûter sur la terre;
Alors, appréciez-en la douce faveur.

L'Instituteur.

Le monde, de nos jours, comme il fut autrefois,
Est un vaste théâtre où tout s'y représente :
Les talents et la ruse y sont sur les parois;
Cette dernière y voit pourtant briser sa tente
Par la saine raison qui ne veut que le bien;
Dans la première y brille une nombreuse classe
Parmi laquelle un homme, à l'aimable entretien,
Mérite, on peut le dire, une première place.
Qui l'inspire?... C'est la divine charité.
Digne d'un haut respect et de reconnaissance,
Il prodigue en tous lieux avec aménité
Les ressources, le fruit de son intelligence.
— Les villes, les hameaux le retrouvent partout,
Accomplissant avec un zèle méritoire
Ses rudes fonctions, bien modestes surtout :
Celles d'enrichir la mémoire,
D'instruire, dis-je, les enfants.
Dédaigné trop de fois, pauvre toute sa vie,
Mais jamais dans les suppliants,
Cette action par lui ne peut être suivie,
Il se dévoue avec ardeur;
Point de difficulté, rien ne le décourage.
Avec sollicitude, avec élan du cœur,

Il cherche à deviner la nature de l'âge,
Si diverse chez les enfants;
Selon leur jeune intelligence,
Sait plier ses enseignements,
Ne faisant point éclat de sa science.
Modeste, il semble ignorer la grandeur
Du sublime état qu'il professe,
Dont le prix est là qui progresse;
Disons-le haut : le sombre oubli, ce ver rongeur
Qui, surtout de nos jours, domine la jeunesse!...

Cet homme utile et plein de cœur,
Auquel la nation confie
L'espoir, l'orgueil de la patrie,
Cet homme, c'est l'instituteur!...

La Sœur de Charité.

Il est une femme en ce monde
Que l'on révère et qu'on cite en tous lieux,
Que la religion seconde,
Car elle en suit les dogmes précieux
Qui lui donnent, selon le sage,
Ah! comme surhumains, *la force et le courage!...*
— Encor jeune et riche souvent,
Sans cesse douce et bonne, elle dédaigne et laisse
Les hochets des plaisirs; dans un simple couvent,
De cet asile sort pour soigner la vieillesse,
Et se rendre sans cesse utile aux hôpitaux
Est un pressant devoir que le cœur lui commande.
Le jour, la nuit, toujours en sentiments égaux,
Ceux que la charité demande,
On la voit aux chevets des malheureux humains;

Dont le sort est cruel par l'excès des souffrances.
  Nul n'est indigne de ses soins :
Elle met de côté les diverses croyances;
Rien, non, rien ne saurait lasser son dévoûment;
  Il est sublime en toute chose :
Pour guide, elle a son cœur, et Dieu, toujours l'aidant
Dans le bien qu'elle fait, l'un et l'autre en sont cause.
 — Des orphelins, êtres abandonnés
  Que le crime, que la misère
Refoulent dans ses bras, lui sont comme donnés;
Ils sont reçus par elle et leur tient lieu de mère,
S'en fait l'institutrice; — à l'éducation
Des enfants malheureux, surtout des jeunes filles,
De même elle se voue avec affection;
  Aussi, partout, maintes familles
Bénissent cette secte où la religion,
Comme un noble devoir, se trouve pratiquée,
  Gravant dans tous ces jeunes cœurs
Cette digne vertu, rarement appliquée,
Que l'on devrait trouver où brillent les grandeurs :
Cette tendre piété qui jette sur la vie
Et le charme et l'oubli des peines et des maux !...
— Cette femme qui passe, ah ! sans être suivie
Par l'appareil pompeux qu'on doit à des héros,
A pourtant son mérite; il est grand sur la terre :
Abandon des plaisirs de la société,
Toute à la loi de Dieu; du pauvre étant la mère,
  Aux orphelins inspirant la pitié.
— Quelle est donc cette femme à si digne prière?
  C'est une Sœur de charité.

17

Acrostiche.

Un défenseur peut bien, en ce siècle, être utile ;
Ne point en désirer, toutefois, est le mieux.
Chercher un bon appui ne peut être facile ;
On juge sans raison, on fascine les yeux :
Le faible esprit se tait, et la honte lui reste !
On le flatte en passant ; le motif, le voilà :
Nul ne fait rien pour rien ; tel est le manifeste
En ces jours douloureux. Edmond s'écrie : Holà !
La parole est bien chère en cette circonstance !
Encor si son effet représentait un gain ;
Non, c'est de l'or qu'il faut ; alors, folle dépense !...
Rions, mes chers amis, du triste genre humain ;
En nous-mêmes cherchons, autant qu'il est possible,
Tout ce que la raison prescrit pour être heureux.
Rarement un soutien se trouve disponible
A seconder ce dont nous sommes désireux ;
Il faut plaire, c'est vrai ; mais c'est bien difficile ;
Toutefois, on a dit : *qu'esprit consciencieux*
En d'autres temps était un suprême mobile.

Touchante Oraison funèbre.

On venait d'inhumer, dans un des cimetières
    De la grand'ville de Paris,
Le tonnelier *Perrot*. Les larmes, les prières,
    Parfois de ces douloureux cris
    Que ce cruel moment arrache,

Offraient un lugubre tableau,
Rappelaient qu'ici-bas un chacun a sa tâche,
Que la mort, dis-je, enfin, nous appelle au tombeau.
— Autour de ce cercueil tout prêt à disparaître,
Que le cœur haletant exprimait un adieu,
Tout en pleurs, on vit apparaître
Un ouvrier criant : Ah! pour l'amour de Dieu
N'achevez pas ce lugubre service!
Et s'adressant, les yeux exprimant la douleur,
Au modeste cortége assistant à l'office,
Il proféra ces mots émanés de son cœur :
« L'homme que vous allez couvrir de cette terre
» A gardé le secret d'une belle action
» Que son cœur lui dictait de faire;
» Je dois le divulguer en cette occasion;
» C'est un devoir pour moi qui doit d'autant me plaire
» Qu'un silence absolu m'en était ordonné.
» Mais devant cette tombe il faut que je m'écrie :
» Non, non, jamais un bienfait ne s'oublie;
» Pour le prouver le moment m'est donné.
» Eh bien! *Perrot*, qui va dans ce lieu de silence,
» Par un décret de Dieu, reposer désormais,
» Etait, vous le savez, dès sa plus tendre enfance,
» Chéri de ses parents; s'il formait des souhaits :
» *Qu'ils soient heureux, c'est ce que je désire:*
» *Que mes amis ne se m'éprennent pas;*
» *Mes sentiments, je me plais à le dire,*
» *Pour eux seront purs jusqu'à mon trépas.*
» Comme vous, mes amis, l'emploi de sa journée
» Lui suffisait pour ses premiers besoins;
» Même l'économie, à la fin de l'année,
» Bien que minime, était preuve de soins
» De la grande vertu qui fait un bon ménage.
» — Un soir, un peu pensif, rentrant de son travail,
» Il rencontre sur son passage

» Un ouvrier portant son attirail,
» Ses outils, dis-je, à son travail utiles :
» C'était, je puis le dire, un de ses bons amis
» Bien rares de nos jours, n'offrant que des habiles
» Dont les faux sentiments ne peuvent être admis.
» Ils s'estimaient tous deux. Par le bon soir d'usage,
» *Perrot* dut reconnaître un état d'embarras,
» Une tristesse en lui d'un sinistre présage ;
» Il le questionna, le cœur a certains droits ;
» Voilà ce qu'il apprit : — Aurai-je le courage
    » De surmonter, de mettre au jour
    » L'affreuse douleur qui me mine?
» Mais à ton amitié je dois tendre retour ;
    » Sans effort je m'y détermine.
    » Chez moi, l'ordre est un devoir ;
» Ma chère Laure sait gouverner la cuisine ;
» Mais tout est bien si cher, ah! que, sans le vouloir,
    » On dépense plus qu'on ne gagne ;
» Le bout de l'an arrive, et point d'épargne ;
» Au contraire, la dette est là qui fait gémir.
    » J'en ai la preuve, et tu vas en frémir :
    » Je m'en trouve une en arrière et si forte
    » Que, ne pouvant y faire honneur,
» Mes meubles, dès demain, seront mis à la porte,
    » Comme saisis par acte de rigueur.
» — Suis-moi, lui dit *Perrot ;* je me trouve en avance,
    » *A peu près de quatre cents francs ;*
» Je voulais les placer avec toute assurance,
» J'en ai l'occasion : ami, les voilà, prends ;
    » Mais promets-moi d'en garder le silence ;
    » Chez toi, même, n'en parle pas.
» — L'ami dut accepter, et, rayonnant de joie,
» Dès que le jour parut, ses outils sur les bras,
» Il fut se liquider. *Près de vous Dieu m'envoie,*
» Furent en soupirant les mots qu'il proféra.

» *Perrot* n'en a jamais ouvert la bouche ;
» Ce secret, disait-il, en moi demeurera ;
» *Je fais le bien, cela me suffit et me touche!...*
» — L'ami qu'il obligeait a gardé comme lui,
» Par un devoir prescrit, un pénible silence ;
  » Mais, Dieu lui prêtant son appui,
 » La santé, le travail et cette conscience
» Qui veulent que l'on soit probe jusqu'à la fin,
» Soutinrent cet ami : dans bien moins d'une année,
» Il rendit à *Perrot*, en lui serrant la main,
  » La somme sans témoins prêtée.
» — Camarades, eh bien! cet ami, c'était moi!
» Sur cette tombe il vient, plein de reconnaissance,
» Dévoiler un secret, et vous dire pourquoi
  » Il en a gardé le silence!...
» De *Perrot* propagez l'admirable action,
  » Chers amis, je vous en conjure ;
» Il vient de succomber, mais sa mémoire dure.
» Adieu, mon digne ami : *regrets, affliction!...* »

CONCLUSION.

Quelle touchante et funèbre oraison !
Regrets amers, affliction profonde,
 Mots si touchants, sur la tombe gravés,
Diront qu'il se trouvait encore dans ce monde
De ces beaux sentiments trop de fois ignorés.
Grands seigneurs, potentats, une moyenne classe
Vous offre un beau devoir : *celui de charité;*
Vivant, on en jouit, et, lorsque l'on trépasse,
 Le nom arrive à la postérité !

Cachet de M. Hector Berge.

BLUETTE.

Applaudissons à la devise
Qui nous dit : Vivre pour aimer ;
Car la Raison, qui tout avise,
S'est plu toujours à proclamer
Ce que le mot aimer veut dire :
« C'est un don qui lie à jamais,
» Et qui, commandant le sourire,
» Nous rend heureux par ses bienfaits. »

Dieu, la famille et son semblable
Désirent cette affection.
Ce sentiment vif et louable
Devient une dévotion
Qui rend le chemin de la vie
Accessible à mille douceurs ;
Met de côté la noire envie,
Et sous nos pas sème des fleurs.

Oui, ce sentiment est suprême ;
Mais, aussi vif et précieux,
Un autre est là qu'il faut qu'on aime,
Nous procurant des jours heureux :
C'est le travail que Dieu demande,
Grande vertu de l'univers !...
Tout ici-bas la recommande ;
Sans le travail, nombreux revers.

Point de cœurs froids durant la vie ;
Comme une loi nous dit d'aimer,

Qu'en aimant l'âme est réjouie,
Surmonte tout, sait embaumer,
Affaiblir douloureuse plaie,
Alors répétons tous les jours
La devise aimable et si vraie :
POUR ÊTRE HEUREUX, AIMONS TOUJOURS !

VIVRE POUR AIMER.

Mariage de ma Petite-Nièce Céline de L......

COUPLETS.

Dieu, créant le ciel et la terre,
A dit : « Je veux l'éternité,
» Que tout dans le monde prospère ;
» Telle est ma haute volonté.
» Par mes efforts, à la nature
» Les astres puissants fourniront
» Ce qu'il lui faut pour sa parure ;
» Les arts, les mortels aideront. »

En créant l'homme à son image,
Dieu n'a point voulu l'oublier;
Craignant qu'il devienne volage,
Il s'est dit : « Il faut le lier. »
Des demi-dieux prirent naissance;
L'*Amour*, l'*Hymen*, sans peu d'efforts,
Par une divine puissance
Firent de mutuels accords.

Ayant pour guide l'espérance
Des beaux jours qu'offre l'amitié,
De ce sentiment dont l'essence
Fait que le mal est oublié,
L'*Amour* obtient ce qu'il désire,
Le mot qui nous lie à jamais;
Alors l'*Hymen* au doux sourire
En sanctionne les décrets.

Ce mot, ce *oui* vient de s'entendre :
CÉLINE, au pied d'un saint autel,
Pleine de cœur, a su se rendre
Aux désirs d'un heureux mortel!...
L'*Amour* et l'*Hymen*, je n'en doute,
Seront dociles à leurs vœux,
Semant des fleurs sur une route
Où je ne vois que des heureux.

Applaudissons à cet ouvrage !...
Aimables et tendres époux,
Pour vous, non, jamais d'esclavage :
Souriez, chantez avec nous.
Mille fleurs ornant nos parterres,
Sous vos yeux vont se façonner
En chaînes qui seront légères,
Comme l'Hymen sait les donner.

Dans ces fleurs je vois l'immortelle,
Emblême de nos sentiments,
De l'amitié vive, éternelle,
Dont nos cœurs sont resplendissants.
Oh! mes amis, cette journée
Pour nous est brillante d'attraits;
Par une joie instantanée
Il faut en montrer les effets.

Ah! pour une si belle fête
Bacchus ne peut être étranger!
Pour lui je fais une requête;
Au plaisir pourrait-on songer,
Privés de sa liqueur divine,
De ce nectar si pétillant?
Mon verre est plein : à vous, CÉLINE!
A vous, mon aimable parent!

Maxime de Sagesse.

Toujours avec ferveur, dans notre destinée,
Il est deux souverains qu'il nous faut respecter :
Dieu d'abord, et la loi que l'homme s'est donnée;
Dès lors, peu de soucis, et rien à redouter.

Une Définition de la Charité.

> Honneur à la suprême loi
> Qui veut que l'on soit charitable ;
> Qui dit : sans doute, pense à toi,
> Mais fais la part à l'incapable.

— Un de ces bons curés, de ces hommes de Dieu,
Comme un puissant devoir, soit en chaire, en tout lieu
Répandait chaque jour ses œuvres inconnues
      Et de salutaires avis,
        Avec des profondeurs de vues
      Qui lui gagnaient tous les esprits.
    Ce beau devoir, élément de sagesse,
Pour cet homme pieux devenait un plaisir;
      Aussi, les vieillards, la jeunesse,
A le voir, l'entourer, ne formaient qu'un désir :
Suivre ses bons conseils dans le but de lui plaire ,
      D'être agréables au Seigneur.
    — Certain Colas, à la tête légère,
Toutefois, et souvent, suivait avec ardeur
Le dire généreux du prêtre vénérable ;
    Mais comme tout a sa fin ici-bas,
Et que le bien surtout ne peut être durable.
Comme d'autres, il fit ce qu'il ne fallait pas.
Mille légèretés trouvèrent de l'empire
Dans son trop faible esprit : adieu les bons conseils;
      Certains parurent lui suffire ;
    Hélas! pourtant, ils n'étaient point pareils :
Privé de sa raison, rien ne pouvait sourire..
Honteux de cet état qui dominait ses sens,
Il s'éloignait des lieux qu'il fréquentait naguère.
L'abbé s'en aperçut au bout de quelque temps;

Cette absence tenait à l'extraordinaire,
S'étant fait remarquer par un zèle absolu
      Aux prescriptions dont le sage
      Veut que l'on soit un ferme élu.
De l'exemple ressort tel ou tel avantage :
    Le digne abbé n'en donnait que de bons.
La curiosité, sans doute, est un grand vice ;
      Mais il est des exceptions
Qu'il nous faut accepter; tout n'est point artifice :
Le cœur trouve sa part dans bien des actions,
Et son effet, alors, devient une louange.
      Poussé par ce beau sentiment,
   Le bon abbé pensa qu'il était sage
De sonder d'où venait un si prompt changement,
Et de Colas savoir quelle était l'existence.
Il se rendit chez lui, gardant l'incognito.
— « Eh bien! mon cher ami, peut-être ma présence
» Vous étonne aujourd'hui; mais, libre ce tantôt,
» J'avais soif de vous voir, apprendre par vous-même
» Pourquoi vous n'êtes plus à ces réunions
» Où, si l'on y voyait quelque chose d'extrême,
     » C'étaient les satisfactions | semble,
» Qu'éprouvaient des cœurs droits quand l'amour les ras-
» Cet amour qui nous lie à l'Être tout-puissant,
» Qui produit, tôt ou tard, ce merveilleux ensemble
     » Qui sans peine fait le *créant*.
     » — Ce n'est point pour vous fuir, mon père,
» Dit Colas; si je suis trop de fois loin de vous,
     » Un sentiment m'est nécessaire,
     » Et je dois en être jaloux
     » Par l'estime que je vous porte;
» La crainte, croyez-moi, de vous importuner
     » M'a fait agir de cette sorte;
     » Alors, veuillez me pardonner.
» — Mais vous me connaissez déjà de longue date,

» Lui répliqua l'estimable pasteur;
» Quand une personne vous flatte,
» Vous donne des conseils qui tous partent du cœur,
» Loin de s'en éloigner, serait-ce par la crainte,
» Deviendrait une faute, une faiblesse enfin
» Qu'il faudrait réparer sans la moindre contrainte;
» Croyez-le, c'est un précepte divin !...
» — Dans cette chambre, à la simplicité que j'aime,
» Plusieurs lampes de prix en forment l'ornement.
» Allumez celle-ci... cette autre... la troisième;
» Avouez-le-moi franchement :
» Eh bien ! la première lumière,
» Soudain en se communiquant
» A la deuxième, à la dernière,
» Vous a-t-elle montré le moindre changement?
» — Aucun, mon bon pasteur. — Ce mot m'est agréable.
» Aucun, me dites-vous !... Ainsi, la charité
» Parmi nous tous doit être inépuisable :
» C'est la loi de l'humanité.
» Viendriez-vous auprès de moi, cher frère,
» Me consulter, savoir *ce qu'est ma charité?*...
» *Elle aura la même lumière,*
» *Sera pour tous aussi pure de vérité,*
» *Ne perdra rien, fût-elle divisée.*
» Le pourquoi?... C'est qu'elle est puisée
» Dans le cœur de Jésus, dans ce cœur de bonté !... »

Charade.

Chers lecteurs, mon premier est une particule;
Mon second, chez la femme, on aime à l'admirer;
Avec peine, mon tout, près d'Emma, s'articule,
Car il dit clairement qu'il faut s'en séparer.

Le Bouillon de Corbeau.

ANECDOTE.

> Un mot, fût-il léger,
> Parfois est une injure :
> Il faut donc y songer,
> Car elle ne s'endure.
> Seule, la charité
> Doucement l'apprécie :
> Un acte de bonté
> Nous fait dire : le mal, le bien, telle est la vie.

A cette époque désastreuse
Où l'émeute grondait partout,
Où, de nouveau, la France malheureuse
Paraissait jouer son *va-tout*,
En l'an *quarante-huit*, de bien triste mémoire,
Un curé de Lyon, dont les rares vertus
Faisaient chérir le nom, surtout portaient à croire
Que les bons sentiments n'étaient pas tous perdus,
Allait, comme le veut son pieux ministère,
    Porter des consolations
    Où la souffrance, la misère
Imploraient des secours, de charitables dons.
— Un jour, suivant, pensif, selon son caractère,
    L'étroit chemin qu'il fallait parcourir
    Pour arriver chez un pauvre malade,
Il se vit assailli par une basse escouade
De ces jeunes vauriens, se mettant à courir,
    Et, d'une voix exaspérée,
    Répétant : *A bas le corbeau !*
L'apôtre du Seigneur, d'une marche assurée,
Continua sa route, et, comme le Très-Haut,

Laissa l'insulte inaperçue.
— Fort peu de jours après on vint le prévenir
Qu'une femme malade, en danger de mourir,
   Sollicitait sa bien-venue.
Soudain il se rendit auprès de son chevet ;
   Quelle ne fut pas sa surprise
Lorsqu'il vit, abattu par un profond regret,
   Un tout jeune homme à blouse grise,
  Qu'il reconnut vrai chef instigateur
De la scène dont il avait droit de se plaindre.
« — Vous me reconnaissez, c'est assez pour mon cœur ;
» De vous, je l'entrevois, je n'ai plus rien à craindre ;
» A votre âge, le mal ne peut qu'être une erreur ;
  » Chez moi, la faiblesse s'oublie,
  » Et j'ai le droit de pardonner. »
Le digne curé prend sa bourse et la délie :
« — Voilà ce peu d'argent que je puis vous donner ;
  » Il vous sera sans doute nécessaire
» Pour soulager les maux de votre pauvre mère. »
Et, lui tendant la main avec affection :
« *Le bouillon de corbeau lui sera salutaire ;*
« *Faites-en bon usage à mon intention.* »
Du jeune homme interdit voyant couler les larmes,
Le curé, l'embrassant, lui dit : « Mon cher ami,
» Ces pleurs de repentir ont pour moi bien des charmes,
» Et sachez qu'un curé n'est point un ennemi. »
— En sortant, il promit de veiller sur sa mère.
   Chaque jour, n'importe le temps,
Sans crainte il se rendit dans ce lieu solitaire ;
Par ses dons répétés, de prompts médicaments
   Et l'aide de Dieu demandée,
   La moribonde, en peu de jours,
Put, aux pieds des autels, vivement inspirée,
Dire humblement à Dieu : *Je vais prier toujours !...*

Le Commis-Voyageur & l'Abbé.

ANECDOTE.

Nos têtes se trouvaient exemptes de tous blâmes,
    Comme celles des bons vieux temps;
Aussi, bien rarement on disait que nos âmes
Bouillaient du feu sacré, de ces besoins ardents,
Soit de ces créations, de ces belles manies
Bien propres à briser les cerveaux plus fervents;
Alors ce n'était point le siècle des folies.
    Vieille routine encore avait son cours :
Les courriers sillonnaient la France avec vitesse.
Et, dans un véhicule énorme et des plus lourds,
Le public, le commerce, en soupirant sans cesse,
Atteignaient lentement le but de leurs désirs.
    — Un soir donc, où la lune à peine
Eclairait l'horizon; qu'en place des zéphirs,
Le vent du nord faisait ressentir son haleine,
Cinq chevaux hennissaient et frappaient les pavés
    En attendant que le fouet signale
Qu'il fallait parcourir à tels ou tels degrés
    Un court ou pénible intervalle.
Une feuille à la main, un monsieur s'écriait :
En voiture ! il est temps, déjà l'heure est passée !
La place d'un chacun soudain se désignait.
« — En troisième, au coupé, votre place est marquée;
    » Veuillez, monsieur l'abbé, monter soudain,
» Et la vôtre, jeune homme, est sur l'impériale.
    » — Quel guignon ! ma chance est fatale,
» S'écrie avec humeur le voyageur hautain;
» Me morfondre là-haut par cette affreuse bise !

» Tandis que ce gros calotin
» S'en va dans le coupé se trouver à sa guise.
» — Mon ami, point d'emportement,
» Avec calme répond le prêtre ;
» Mon trajet est fort court, vous allez loin peut-être ;
» Vous pouvez disposer de ce compartiment ;
» Avec plaisir je vous le cède. »
Et l'ecclésiastique à l'instant se levait
Pour mettre fin à ce triste intermède.
L'arrogant commis ne pouvait
S'attendre à tant de politesse ;
Aussi, pâle d'émotion,
Il dit : « Monsieur l'abbé, souffrez que je m'empresse
» De m'excuser d'un mot, du ton
» Dont je me suis servi, mais sans réflexion.
» Veuillez rester à votre place ;
» Ah ! je serais confus de l'accepter.
» Lorsqu'on est repentant, la grâce
» Peut, je crois, se solliciter ;
» En ce moment, daignez en juger de la sorte.
» La si précieuse leçon
» Que je reçois n'est point trop forte ;
» Je l'accepte, elle a trait à l'éducation :
» *Elle porte pour vous le cachet de sagesse.*
» — L'oubli, mon bon ami, lui présentant la main,
» Se trouve en ce moment un devoir qui me presse,
» Répartit le curé d'un regard souverain ;
» Puisque vous le voulez, je conserve ma place ;
» Mais, je vous prie, acceptez mon manteau ;
» Ne me refusez pas cette légère grâce ;
» Le froid est excessif : il vous tiendra bien chaud. »
— L'offre, avec instance posée,
D'après un mutuel retour si gracieux,
Ne pouvait être refusée.
Le coup de fouet donné, les chevaux vigoureux

Firent rouler, voler la diligence :
Bagages, voyageurs, tout disparut soudain.
— L'émotion de la triste séance
Faisait battre les cœurs ; *le serrement de main*
Apprécié comme il devait bien l'être,
Fit dire aux voyageurs émus :
« De tels incidents font renaître
» Des sentiments qui n'étaient plus ! »

Le Travail.

Le travail, cette sainte et grande loi de Dieu,
De toutes les vertus est le noble principe :
Source inappréciable et qu'ici-bas tient lieu
De ces délassements, car elle y participe,
Qui font que le bonheur parfois peut se goûter ;
En un mot, qu'il n'est point une vaine chimère :
Activité, travail sont, il faut l'accepter,
L'âme émouvante enfin de tout sur cette terre.
— De limpides, les eaux stagnantes, sans tarder,
Perdent leur couleur, se corrompent ;
La moindre attention vient le persuader,
Et les hommes de cœur qui jamais ne se trompent ;
Aussi, répètent-ils : que l'esprit et le corps,
De même chez nous tous, se flétrissent dès lors
Par l'oisiveté continue,
Lèpre qui détruit tout, même les sentiments,
Fait que cette action s'efface inaperçue,
Que l'homme devant lui ne voit que des tourments !...
— Les desseins du Très-Haut nous ont mis sur la terre
Pour y remplir le double ministère
De souverains pontifes et de rois ;
Nous devons y mener une vie occupée.

18..

Active, utile toutefois;
Alors, ne point faillir à cette destinée,
A cette grande et noble mission.
— Ah! qui peut ignorer que, dans l'inaction,
L'âme n'a plus cette étincelle
Qui fait sa force, sa grandeur!
Tout sentiment s'éteint; la volonté chancelle,
Se glace; l'esprit sans chaleur
Ne peut rien concevoir, rien n'est grand, insensible
Aux sublimes beautés de la religion,
A cet éclat puissant, irrésistible,
Que dis-je? à l'admiration
De tout ce qu'offre la nature,
L'homme, en un mot, devient incapable, abattu;
La vérité lui semble obscure;
Point de zèle pour la vertu,
Et, sans tarder, il est corrompu par le vice.
— De l'âme, vrai fléau, l'horrible oisiveté
Porte à son corps un cruel préjudice :
Malaise affreux, langueur, débilité.
Mais, avec le travail, tous ces maux disparaissent;
Le jugement grandit, devient ferme et plus sûr;
Les langueurs de l'esprit et celles du corps cessent :
L'homme créé par Dieu ne saurait être obscur!...
— De l'ordre social, cette âme de la vie,
Oui, le travail féconde tout;
Avec lui, point de cruelle insomnie :
La gaîté se montre partout.
C'est à lui que les arts, les progrès, l'industrie
Doivent leur élévation.
Si, des êtres enfin de la création,
L'homme progresse seul, c'est que seul il travaille;
Que, n'importe le sort, il dit : *il faut que j'aille!*...
C'est un arrêt de la divine loi;
Est-il pénible? Il faut avec sagesse

L'accomplir, car on sait pourquoi.
— Oh! oui, remercions Dieu qui, dans sa tendresse,
Nous a créés faibles et nus,
Tandis qu'il a donné des vêtements, des armes
Aux divers animaux dont on les voit pourvus;
Pourquoi?... C'était pour nous faire trouver des charmes
Dans la nécessité d'un travail incessant,
Nous préserver des maux qu'engendre la paresse,
Et nous faire avouer, chaque jour nous levant,
Que le travail est bien le don de la sagesse.

La Charité devrait être inépuisable.

> La charité parfois
> Devient inépuisable :
> Vérité d'autrefois...
> De nos jours peu croyable.

Un abbé dont le nom m'échappe,
Horticulteur passionné,
Aurait, dit-on, fait une étape
S'il eût cru qu'il lui fût donné
Un rosier dont la fleur fut rare sur la terre;
De cet arbuste, enfin, il était amateur.
Un jour, dans son charmant parterre,
Il découvrit, et ce fut un bonheur,
Un tout jeune rosier, dont la tige prospère,
Aussi belle que rare, allait, à l'œil charmé,
Donner la blanche remontante;
Cet abbé, bon vieillard, fut enthousiasmé.
— Bientôt vint le printemps : une fleur ravissante,
Au pudique incarnat, à la rare fraîcheur,

Coquette et gracieuse, à l'œil de l'amateur
   Offrit le don de la suprématie.
— En fait de jardinage, il est un vrai plaisir :
   Celui qu'offre la modestie,
Et qui, sans le penser, dépasse le désir.
L'abbé fit admirer le don que la nature
Avait mis sous ses yeux, sans doute comme un prix
   Offert par la sainte Ecriture
A l'être qui nous dit : *Soyez ce que je suis,*
Admirateur de Dieu tout-puissant sur la terre!
Ce vieillard, estimé par ses hautes vertus,
Reçut de toutes parts mille éloges bien dus
Pour les soins qu'il portait aux fleurs de son parterre,
   Sur celle, comme admirateur,
   Qu'il appelait sa chère fille.
Un beau soir qu'il rentrait, la gaieté dans le cœur,
Car on était venu contempler sa famille,
   Ses belles fleurs, cela se sous-entend,
Portant le beau rosier à la fleur si chérie,
   Il fut surpris, et cela se comprend,
      De voir, dans sa chambre embellie
      Par sa grande simplicité,
Une femme du peuple annonçant par sa mise
      Le triste état de la mendicité ;
      Aussi, pour lui, point de surprise :
Il lui fut demandé soudain quelque secours.
La pauvre femme ayant les yeux noyés de larmes :
« En vous, monsieur l'abbé, dit-elle, j'ai recours;
      » Le travail nous offrait des charmes;
   » L'âge est venu, ce maître d'ici-bas,
      » Nous rendre infirmes, incapables;
      » Si la faim nous met aux abois,
» Nos peines, nos tourments seront insupportables;
   » Alors, comment prier Notre Seigneur?
   » Hélas! prenez pitié de nos misères!... »

— Attendri par ces mots qui navrèrent son cœur,
Ces mots qui renfermaient de si vives prières,
Le bon abbé fouilla ses poches, son tiroir :
Point d'écus, point de sous, et, de plus, impossible
De pouvoir disposer d'un drap ou d'un mouchoir!
 — Sachant combien il était accessible
  Aux bienfaits de la charité,
Aimant cette vertu non poussée à l'extrême,
Sa gouvernante avait la bonne qualité
De chercher à juger les dons par elle-même,
 De mettre un frein à trop grande bonté;
  Emportait les clefs avec elle
Lorsque, pour un service, il fallait s'absenter.
  — « Ma position est cruelle,
» Dit-il à la pauvresse; je puis bien souhaiter
 » Faire le bien de bouche ou par l'aumône;
» Mais de bouche, pour vous, je crois, ne serait rien.
» Sans clefs, puis-je vous dire : Acceptez, je vous donne?
» Le désir d'obliger se trouve mon seul bien
  » En cette triste circonstance!...
» — Mon Dieu! monsieur l'abbé, quel est mon désespoir!
» Mon mari, mes enfants n'ont que mon assistance,
» Ainsi que moi sans pain, et ne puis en avoir!...
» — Point de pain ! s'écria le prêtre charitable. »
Et, tout ému, jetant les yeux sur son rosier :
 « Ma bonne femme, ah! je crois véritable
» L'état si douloureux qui vous fait supplier;
» Acceptez cet arbuste à la fleur admirable,
» C'est un don hors de prix pour un horticulteur;
» Allez le présenter, non loin, à Monseigneur ;
» Il vous le payera, même avec grande joie,
» Tout ce que vous croirez pouvoir lui demander.
» Vous vous procurerez du pain par cette voie;
» Priez Dieu, car c'est lui qui vient de m'inspirer. »

CONCLUSION.

Dans les cœurs élevés, cette vertu sublime
    Que recommande le chrétien,
   La charité, qui le domine,
Croyant jamais ne faire assez de bien,
Trouve encor des élus, n'est point inépuisable!...
   Ce digne abbé le prouve en action.
Se priver d'un objet, en élu charitable,
D'un objet recherché, digne d'affection,
Touche au surnaturel; il fallait un exemple
Pour en sentir le prix. S'en trouve-t-il encor?
En attendant, celui de l'abbé se contemple,
Et l'on peut s'écrier : *Tel était l'âge d'or!...*

La Réconciliation.

   Un des préceptes si touchants,
   Jadis enseignés par les sages,
   Les plus utiles en tous temps
   Par leurs merveilleux avantages,
   Est celui-ci certainement :
   Que l'astre du jour ne se couche,
Si vous êtes aigri par un emportement,
   Par un grief qui plus ou moins vous touche,
   Sans être réconcilié.
— Saint Jean l'Aumônier, nous rapporte l'histoire,
   Etait étroitement lié,
  Et chaque jour tout donnait à le croire,
Avec un sénateur, célèbre historien,
   Nicétas, d'auguste mémoire.
— Une chose futile, on pourrait dire un rien,

Suffit pour détourner tel ou tel caractère;
Alors, un jour, après une discussion
      Des plus vives, rapporte-t-on,
      Ils se quittèrent, la colère
S'étant montrée entre eux pour la première fois.
— Phébus, prêt à finir sa brillante carrière,
Et la nuit, ce soir même, allant régir ses droits,
Le saint homme, affligé par la sombre querelle
Qui venait d'éclater avec le sénateur,
Prit la plume; inspiré par un sublime zèle,
  Ah! par celui que dicte un noble cœur,
Sur un billet traça cette belle pensée :
« *Mon frère, le soleil est près de se coucher.* »
— Ce profond à-propos, fruit d'une âme sensée,
Compris par *Nicétas*, eut l'art de le toucher.
      Le sénateur, à l'instant même,
      Se rendit auprès de *saint Jean*.
     Tous les deux, mus par une joie extrême,
      Se prosternèrent humblement,
      Et, prêts à finir leur prière,
      Ils s'embrassèrent tendrement.
— L'apôtre dit alors : — « Ah! craignant la colère,
      » Ou ne voulant la réveiller,
» J'ai cru devoir ne point me présenter moi-même
» Près de Votre Grandeur, de vous, dis-je, que j'aime;
      » Mais je n'aurais pu sommeiller
» Sans vous dire : écoutons le principe du sage. »
— Le noble sénateur, sensible à ce langage,
  Pressa la main du saint avec transport,
Et de ce jour, entre eux, on vit briller l'accord.

CONCLUSION.

    Se réconcilier, sans doute,
    Est une brillante vertu;

Mais pour y réussir on en fausse la route,
On ne veut point céder; en place du mot *tu*,
  Que la tendre amitié profère,
  L'insulte arrive avec le *vous!*...
  — Souveraine raison, éclaire!
  A chaque instant, inspire-nous
 Ce grand besoin, ah! celui d'être dignes
Des bienfaits dont le Ciel a voulu nous combler;
Efface de nos cœurs les rancunes indignes,
Et qu'un chacun de nous puisse se rappeler,
De l'apôtre *saint Jean*, la si belle pensée :
Mon frère, le soleil est près de se coucher;
Redevenons amis, la colère est passée,
Et n'ayons désormais rien à nous reprocher !

Le Manteau de saint Martin.

Qui pourrait l'ignorer? ah! la religion
N'est point le résultat de telle ou telle étude;
Cette essence divine est un précieux don
  Qui grandit selon l'aptitude;
  La disposition du cœur,
  Les exemples et la lecture,
 Flambeaux qui font entrevoir le bonheur,
  Font souvent qu'on se le procure.
— L'apôtre *saint Martin*, encore adolescent,
Dans ses actes montrait qu'une vertu divine
L'inspirait. Voyait-il passer un mendiant?
  « Hélas! la misère le mine;
» N'est-il pas notre frère? Il faut le soulager! »
Plus tard, en grandissant, on vit se propager
  Cette action, ce besoin qui domine
  Le cœur profondément chrétien :

Faire la charité devenait un besoin ;
Aussi ne restait-il point sourd à la prière,
    A la commisération.
— Un de ces jours où la nature entière,
    Par les effets de l'aquilon,
    D'une éblouissante parure
    N'offrait plus à l'œil attristé
    Que glaçons, une motte dure
Ne pouvant faire naître une moindre pâture ;
Un jour d'hiver enfin, et dont la dureté
    Pour tout se trouvait excessive,
    Dans sa ronde de charité
Qui, malgré la saison, n'était jamais tardive,
Le pieux *saint Martin*, à la porte d'Amiens,
    Vit un pauvre dont la misère
Lui déchira le cœur : « Dieu puissant des humains,
» Se dit-il en lui-même, ah ! cet être est un frère ;
    » Nous jouissons de tes mille bienfaits,
    » Et lui végète et souffre sur la terre !...
» Si chacun imitait encor ce que je fais,
» Point tant de malheureux, point de larmes versées
» Sur chaque pas qu'ils font aussitôt que le jour
» Leur montre de nouveau que, loin d'être cessées,
» Les souffrances sont là ; que le pieux amour
» Qu'ils veulent conserver pour ce qui les entoure
» Ne leur fait ressentir le doux soulagement
    » De dire : mais on nous secoure ;
» Le cœur est froid lorsqu'il devrait être brûlant !.... »
— Ceux qui le précédaient, c'était une jeunesse
Ivre de ces plaisirs dénaturant le cœur,
Passèrent sans gémir sur le sort de détresse
Du pauvre mendiant que minait la douleur !
Il était presque nu, tendait sa main glacée,
Et disait : *J'ai besoin, faites la charité ;*
    Voyez, elle sera placée

Sur un être réduit à la mendicité,
Non par le vice, mais par excès de bonté.
— Point d'oreille attentive à cette humble supplique ;
L'apôtre du Seigneur, le pieux *saint Martin*,
    Dont l'âme était évangélique,
    Se dit, abrégeant son chemin :
    « Dieu m'a réservé, sans nul doute,
» Le précieux devoir d'aider ce malheureux.
    » Comment faire ? J'ai sur ma route
» Donné ce que j'avais ; je n'ai plus que des vœux
» Bien ardents à former ; mais que pourront-ils faire
» Pour l'état dans lequel cet hiver rigoureux
    » Fait gémir ce malheureux frère ?
» *Il a froid, il est nu, je n'ai que mon manteau,*
    » Ah ! la moitié peut me suffire !... »
    Il en fait deux parts aussitôt,
En donne l'une au pauvre ; il était en délire :
La faim, le froid allaient le faire succomber.
— Des passants, cette tourbe aux cœurs froids, avilie
Par le vice honteux qui sait les absorber,
Raillèrent *saint Martin* : « Voilà de la folie, »
    Dirent-ils en cheminant.
Mais d'autres, dont le cœur se trouvait palpitant
Par l'admiration d'un trait aussi sublime,
Revinrent sur leurs pas : le bel exemple anime ;
Ils firent une aumône en un commun accord,
    Dont le produit, dit-on, fut assez fort.

CONCLUSION.

Cet émouvant récit, rapporté par l'histoire,
A fait, doit encor faire honorer la mémoire
Du pieux *saint Martin*, qui, de la charité,
Faisait une science, autrefois vénérée,
Ayant un double prix : son cœur était flatté ;

Surtout, parfois, son exemple imité
Ramenait au devoir une foule égarée.
    Il souriait, c'était un droit,
    Une bien digne récompense,
    Car on jouit lorsque l'on voit
Fructifier une telle semence.

Anecdote historique & morale.

    Alfred, orphelin en bas âge,
    Simple apprenti menuisier,
Depuis un mois se trouvant sans ouvrage,
Fut visiter *Michel*, garçon cuisinier,
Du même âge, voisins et fort bons camarades.
Ne pouvant se nourrir et payer un loyer,
Michel eut le pouvoir, dans une des mansardes
De l'hôtel, d'installer et même de pourvoir
    A sa modeste et sobre nourriture.
S'aider, lorsqu'on le peut, est un noble devoir
Que la raison prescrit à l'humaine nature.
    — *Michel* devant remplir, durant le jour,
Les obligations qu'impose la cuisine,
    Quittait *Alfred* qui, seul, faisait un tour,
Portant par-ci par-là ses yeux sur la vitrine,
Admirant les objets qui pouvaient, plus ou moins,
    Flatter ses goûts par leur beau, leur richesse.
— Un jour, comme souvent, n'ayant point de témoins,
Il s'arrête en passant vis-à-vis d'une pièce
Entr'ouverte au second étage de l'hôtel ;
    Après avoir jeté les yeux sur tel
    Et tel objet, tous bien faits pour lui plaire,
      Dans la poche d'un paletot

Introduisant sa main, ne croyant point mal faire,
Il en sortit une bourse aussitôt :
Dix-sept francs s'y trouvaient en petite monnaie.
— Il est des moments malheureux !
Cette trouvaille, hélas ! l'égaie,
L'égare, dis-je, au point que le vice honteux
Du vol, malgré les énergiques
Réclamations de son cœur,
Alfred met de côté les risques
Qu'il encourait pour un moment d'erreur,
Garde la bourse et se sauve au plus vite
Dans un autre quartier, et surtout éloigné.
— *Michel* fut étonné de cette prompte fuite,
Mais ne fit rien pour être renseigné
Sur le motif d'une telle conduite,
Qu'il blâmait toutefois, vu le vif intérêt
Qu'il venait de porter à cet ami d'enfance.
Alfred, il faut le dire, agissait à regret
En prenant cet argent : « Mais avant peu, je pense,
» Je pourrai le remettre, effacer l'action
» Qui ne peut que ternir ma réputation ;
» L'ouvrage enfin va reparaître,
» Avec ardeur je vais m'en procurer. »
— Mais le vouloir ne saurait faire naître
L'espoir du résultat que l'on peut désirer ;
C'est ce que vit *Alfred* : il devint nécessaire
Alors de rechercher soudain
Un simple emploi dont le salaire,
Tout en le nourrissant, donnerait le moyen
D'accomplir un devoir gênant sa conscience :
Il se fit donc garçon marchand de vin.
Occupant cette place avec intelligence,
Et surtout rare probité,
Son patron l'estimait ; une amitié sincère
Se démontre souvent par une indemnité

Toujours ayant le don de plaire,
Lorsqu'il apprend qu'un nommé *Gardeson*,
Jeune homme de sa connaissance,
Venait d'être mis en prison
Pour le vol d'une bourse ayant en contenance
Une somme de dix-sept francs.
— Frappé par ce récit, lui donnant souvenance
Du trait qui l'affligeait, hélas! depuis longtemps,
Persuadé qu'il était le coupable
Et que l'on commettait un cruelle erreur,
Par un vif mouvement, on peut dire estimable,
Puisqu'il était suggéré par le cœur,
Alfred va, tout bouillant, auprès d'un commissaire
Et lui dit : « A l'instant je viens d'être informé
» Qu'un de mes compagnons, que j'aime comme un frère,
» Pour un vol vient d'être enfermé;
» C'est moi qui l'ai commis; je vous en donne la preuve :
» *Voilà la bourse avec les dix-sept francs*,
» Somme qui s'y trouvait lorsque j'ai fait l'épreuve
» D'un crime que je hais et dont je me repens;
» Ma liberté, je vous la livre;
» Ah! rendez à ce prix celle d'un innocent!... »
— Une belle action enivre;
Mais *Alfred* dut subir un jugement.
Les attestations de sa bonne conduite,
Sa probité dans son état récent,
Un repentir qui, malgré tout, limite
L'arrêt qui doit se prononcer,
Au triste *Alfred* tout devint favorable.
Le juge aussi, sans balancer,
Lui dit : « Le repentir est toujours estimable;
» Un éloge de probité
» Vous est acquis : je vous gracie;
» Mais que cette leçon, réduite à la bonté,
» Par votre cœur à jamais s'apprécie. »

CONCLUSION.

Se relever ainsi, c'est beau;
C'est noblement racheter une faute.
L'exemple est rare, on peut dire nouveau,
Donnant une leçon profitable et bien haute!...
Jeunesse, ouvrez les yeux! le moindre égarement
    Peut faire gémir, déshonore!
Alors, méfiez-vous d'un premier mouvement
    Qu'un coupable désir colore.
Tout a sa conséquence, et le crime surtout!...
Recherchez la raison dès l'âge le plus tendre;
Par son puissant secours vous surmonterez tout,
Car le vice honteux ne saurait vous surprendre.

Le Chemin de la vie.

Chers enfants, Dieu, vous mettant sur la terre,
    A dit : « Sans cesse travaillez;
    » Obéissants, cherchez à plaire;
    » Et, pour y parvenir, *priez!...* »

Sur le chemin que vous allez poursuivre,
    Deux sentiers vous seront ouverts :
    L'un, par ses doux charmes, enivre;
    L'autre est hérissé de revers.

Sur le premier vous verrez la sagesse,
    Souriant, vous tendre la main,
    Prête à répondre avec tendresse
    Aux prompts désirs d'un cœur humain.

Par son abord, l'autre cherche à séduire ;
    L'astuce est là pleine d'ardeur :
    C'est le vice, au sombre sourire,
    Qui vous conduit au déshonneur !...

Ah ! votre choix, studieuse jeunesse,
    Sera dicté par la raison ;
    Pour compagne ayez la sagesse,
    La vertu sera votre don.

Chers enfants, Dieu, vous mettant sur la terre,
    A dit : « Sans cesse travaillez ;
    » Obéissants, cherchez à plaire,
    » Et, pour y parvenir, *priez !...* »

Le Nid d'oiseau.

FABLE.

Aimer les animaux est preuve de bon cœur ;
Tel était autrefois le dire de nos pères.
— A ce bel âge où tout semble offrir le bonheur,
Arthur croyait si bien ces paroles sincères
Que, sitôt qu'il avait accompli ses devoirs,
    Visiter sa famille ailée
Faisait battre son cœur ; mettre tous ses pouvoirs
A ce que sa prison, en lieu sûr installée,
    Fût pourvue en graines de choix,
Charmait ses goûts, était, dis-je, sa jouissance.
    — En augmenter le nombre chaque fois
Qu'il trouvait des sujets, surtout dont la nuance
Y devait faire naître une variété,

Devenait une active et chère prévoyance.
— Un jour, sur un tilleul par lui-même planté,
Et dont l'affection devenait alors tendre,
Il vit un nid caché sous de touffus rameaux.
La curiosité, parfois, doit se comprendre :
Monté sur l'arbre, au nid, quatre petits linots,
Se blottissant soudain, s'offrirent à sa vue.
« Les prendre ! mais demain beaucoup mieux je ferai ;
   » A cette joie inattendue,
» Si jeunes, je dois voir où je les placerai. »
Mais qu'advint-il ? Le nid avait perdu ses hôtes !...
Le sage a dit souvent : *Les retards sont des fautes.*

Indulgence de saint François de Salles.

Par tels ou tels motifs, un chacun, ici-bas,
Plus ou moins peut errer dans le cours de la vie ;
Aussi voit-on des chefs, de nombreux magistrats
Ayant pour mission que la loi soit suivie,
Le bien glorifié, le vice mis au jour ;
Que tout ait, en un mot, ce résultat sincère
Qui loue ou bien corrige un chacun tour à tour ;
Ce dogme ferait voir un Etat qui prospère.
— Un malheureux chrétien, se trouvant égaré
Par faiblesse plutôt que par un honteux vice,
Gémissait en prison ; repentir assuré
Par sa conduite, rien n'offrait un bénéfice
A la faute commise avec intention,
   Car on l'avait ainsi jugée.
Le pieux *saint François de Salles* sut, dit-on,
Que l'âme d'un chrétien se trouvait affligée,

Sans qu'on voulût porter un adoucissement
A la peine depuis trop longtemps infligée ;
Alors il donna l'ordre, avec ménagement,
Qu'on menât devant lui ce malheureux, qui même
   Sollicitait cette haute faveur.
— Dans le cœur des gardiens, la rudesse est extrême ;
Aussi se montra-t-elle en toute sa laideur :
L'évêque eut un refus, et même à sa prière.
« Eh bien ! puisqu'il ne peut se présenter à moi,
 » Dit-il, je dois, vu mon saint ministère,
» Aller dans sa prison, apprécier sa foi ;
  » Si le repentir est sincère,
  » Le pardon devient un devoir. »
— Le prisonnier, voyant l'évêque vénérable,
Se jette à ses genoux ; par ses pleurs lui fait voir
Combien il se repent de se trouver coupable :
« Qu'on m'inflige, dit-il, la peine qu'on voudra,
» Je la supporterai, mon père, sans me plaindre ;
 » Elle sera, je puis l'affirmer, moindre
 » Que la douleur de ce qui m'adviendra,
» Ayant, croyez-le bien, péché sans le comprendre.
» Sanctifiez mes vœux : hélas ! pardonnez-moi. »
— Saint François ne fut pas difficile à se rendre
A ce vif repentir, et, plein de cet émoi
Qui fait vibrer le cœur, doucement le relève,
L'embrasse, et s'adressant aux gardiens stupéfaits :
« Vous devez voir que Dieu vous ordonne une trêve
» A la punition pour cause de méfaits
» Reprochés à cet homme en son église sainte ;
» Il le pardonne : eh bien ! qui le condamnera ?
» Ce ne sera pas moi !... Plus de pleurs, plus de crainte,
» Mon frère, allez en paix ; Dieu vous exaucera
» Si vous ne péchez plus durant votre existence.
» Par la sincérité de votre repentir,
» Vous serez désormais, ou du moins je le pense,

» Un modèle éclairé par la sainte croyance,
» Et ferez des élus qu'on ne saura punir. »
— Sans tarder, cette prophétie
Du grand saint se réalisa :
Sagesse à jamais démentie,
A-t-on dit, l'immortalisa.
— A cette occasion, nous rapporte l'histoire,
Au saint on reprocha sa trop grande bonté ;
Sa réponse pourtant, si digne de mémoire,
Ira, n'en doutons pas, à la postérité :
Par la douceur on peut faire des prosélytes;
Par la sévérité, que de vils hypocrites.

Rêverie.

Le bonheur est-il sur la terre ?
Eh ! comment pouvoir le goûter ?
Cette question peut se faire ;
Pour répondre il faut hésiter.
Est heureux, dit-on, qui croit l'être ;
Comment arriver à ce point ?
Il faudrait sans cesse être maître
D'une raison que l'on n'a point.

Le guerrier rêve la victoire,
L'homme d'esprit veut un renom ;
Le commerçant se plaît à croire
Que tout doit céder à son nom.
Chacun se berce, dans ce monde,
Du vif désir qu'il peut former ;
C'est une pierre que la fronde
Lance, et qui finit par tomber.

Ah! c'est ainsi de toute chose!
Tomber, se perdre; seul, l'espoir,
Dans ce bas monde nous dispose
A croire que l'on peut avoir
Ce qu'à chaque instant l'on désire.
Mais advient la réalité :
Au lieu du bonheur, on soupire,
Maudissant la société.

A l'Amour nous faut-il sourire?
Il est aveugle, il est trompeur.
Voyez la séduisante Elmire,
Rien, chez elle, ne part du cœur.
Elle fait briller l'espérance;
On s'en flatte, c'est un besoin;
Mais qu'arrive-t-il? L'assurance
Qu'à tromper elle a mis grand soin.

Est-ce un bien? Disons non, sans doute.
Si l'on veut aspirer au bonheur,
Ce serait faire fausse route :
Que la raison guide le cœur.
A l'Amour, au dieu de la treille
Offrons un encens mérité;
En vidant la fine bouteille,
Alors bonheur, franche gaîté.

Simple à-propos.

Comme vieux soldat (1), obéir
Ne saurait m'être difficile;

(1) Soixante-seize ans.

Toutefois, je dirai, si l'on daigne m'ouïr :
Leçon plus étendue a le don d'être utile.
Trente, quarante vers donneraient à l'auteur
Une facilité qui se trouve restreinte ;
Un résultat pourrait avoir une valeur.
Le cercle étroit du jour, du bien n'est qu'une teinte ;
L'esprit y paraît-il ? il manque de couleur,
Devient simple à-propos qui peut faire sourire,
Mais qui tôt disparaît, offrant peu pour instruire.

Sainte Anne.

Juillet, 1863.

Chaque jour, chaque mois, et surtout chaque année,
Offrent à notre vue et bien souvent au cœur
Des charmes, des regrets ; l'âme illusionnée
Y trouve, plus ou moins, ou plaisir ou douleur.
L'ardent mois de juillet, *ayant vingt-six pour date*,
M'est cher lorsqu'il arrive ; il me fait oublier
    Que si, parfois, la fortune est ingrate,
Il est un sentiment bien propre à pallier
Ce qui s'offre contraire à ce qui plaît, qui flatte.
Un jour de fête est un moment délicieux ;
    On le choisit, c'est un usage
    Que nous devons à nos aïeux,
  Pour exprimer, de bouche ou par un gage,
Le plaisir qu'on ressent de se revoir encor.
Chère Annette, les vœux que pour toi je veux faire,
Tu ne peux en douter, seront toujours d'accord
Avec les sentiments que l'amitié suggère.
Pour ce jour qui m'est cher, accepte ce cadeau ;

Il est fort simple, alors il a droit de te plaire ;
De plus, ce que le cœur nous offre est toujours beau :
Des sages, autrefois, c'était l'aimable dire ;
C'est le tien aujourd'hui, car je te vois sourire.

A-propos.

L'envoi d'une simple bluette
Sur la devise d'un cachet (1),
De celui, dis-je, d'un poète,
D'un ami que je me suis fait,
Un impromptu brillant de grâce
M'est incontinent parvenu ;
Ici je lui dois une place :
Il mérite d'être connu.

A MONSIEUR LE COMTE DE CROMIÈRES.

« Tu définis bien ma devise ;
» Ton chant, poète, sait charmer,
» Et ton cœur tendre sympathise
» Avec le mien qui veut t'aimer. »

A.-Hector BERGE.

(1) *Vivre pour aimer*, pag. 198.

Bluette.

Si l'on veut être heureux et se faire estimer,
 Il faut suivre la loi suprême ;
 Jeunes ou vieux, s'accoutumer
 A dire : *Je travaille et j'aime.*

Les Réparations locatives.

Un curé reconnu pour être homme d'élite,
Auquel la charité, ce pieux sentiment,
 Fait accomplir de ces traits que l'on cite,
Qui servent de leçons même à l'homme puissant,
 Possédait pour toute fortune
Une vaste maison en un pauvre quartier.
 Dans une idée, hélas! fort peu commune,
Soudain l'intérieur fut refait en entier ;
A chaque étage offrant pièce à coucher, cuisine,
Logement convoité par le simple ouvrier ;
Eh! tout cela, pourquoi? L'apôtre le devine :
Cette inspiration vient de la charité.
Tendre une douce main à la pauvre famille,
Éviter les excès de la mendicité
 Par un laisser-aller où le cœur brille ;
Donner, dis-je, *gratis* ces humbles logements,
A la charge bien simple, et toutefois voulue,
 Que les preneurs garniraient en tout temps
Les lieux par des vertus brillantes à la vue
 Et conformes à leur état :

La propreté d'abord et *la reconnaissance*,
    Seules offrant avec un vif éclat
Que le dire n'est point une vaine espérance.
— Le tout fut bientôt pris... Après fort peu de temps,
Le bon pasteur voulut s'assurer par lui-même
Si chaque locataire, en pieux sentiments.
    Par ces sentiments que l'on aime,
    Remplissait ses engagements,
Disant avec raison : « Il faut montrer l'extrême
» Dans les hautes vertus qui nous viennent du cœur,
    » Celles qui font sans cesse honneur,
    » *Ah! les honnêtes habitudes;* »
Voir si chaque local, en fait de propreté,
    Offrait l'ensemble des études
Prescrites par l'orgueil, surtout pour la santé;
    Si les travaux, une vie exemplaire
Se trouvaient en rapport à ces pieux devoirs
De la religion, demandant la prière;
De ces affections, aux précieux pouvoirs,
Qui font un bon mari, qui font chérir un père.
Ses vœux réalisés, ne voulant rien de plus,
Il se disait : « *Je suis heureux propriétaire,*
    » *Touchant ainsi mes revenus!* »
— Chaque fois et souvent qu'il faisait sa tournée,
Maladie, accidents étaient-ils survenus?
Sa bourse se vidait; flatté de sa journée,
Son bréviaire en main et sans cesse priant :
« Mes hôtes ont souffert; à des douleurs si vives
» Je leur dois, disait-il, tendre soulagement :
» *Ces réparations ne sont que locatives.* »

CONCLUSION.

Aujourd'hui verrait-on de si belles vertus?...
Ces abnégations se trouvaient chez nos pères;

Mais, de nos jours, elles ne brillent plus !...
L'égoïsme est un maître au-dessus des prières.
Entasser l'or, fermer les oreilles, le cœur
Aux aspirations soulageant la souffrance,
Devient un vil besoin ; aussi, point de douceur,
Point de charmes durant notre courte existence !...
Ne faisant pas de bien, peut-on se faire aimer?
J'entends que l'on répond : *même pas estimer.*

Chansonnette.

Près de mon feu je grelottais ;
Les vents déchaînés dans la plaine,
La neige par flocons épais,
Les pauvres oiseaux par centaine
Cherchant partout un mince grain ;
Accablé sous le poids de l'âge,
Je désirais un lendemain
Qui pût m'offrir plus douce image.

A l'horizon, l'astre du jour
M'apparaît brillant d'une flamme,
Comme un trait respirant l'amour,
Ranimant, réchauffant mon âme :
C'est le printemps, douce chaleur
Qui vient raviver la nature,
Lui redonner cette splendeur,
Mais, selon nos vœux, qui ne dure.

Les prés, les champs, ces mille fleurs,
Ces oiseaux aux divers plumages,
Leurs chants variés et flatteurs,
Et tous ces verdoyants ombrages

Des arbres ornant les vergers,
Tout me ranime ! Je respire,
Laissant pour plus tard les foyers;
Plus de tristesse : à moi ma lyre !

Parcourant les champs, les coteaux,
Partout quelle riche semence !
Ici, ce sont les chalumeaux
Qui vous invitent à la danse.
Là, le laboureur qui sourit
A cette vierge : *l'Espérance !*
Partout la nature éblouit,
Donnant un signe d'abondance.

Dans les vallons, ces blancs troupeaux
Paissant déjà l'herbe nouvelle;
Voyez, sous ces touffus rameaux,
Lindor assis près de sa belle,
D'Emma, qui répond à ses vœux.
Avec quel aimable sourire
Ils se disent, le cœur joyeux :
« Ah ! chantons, l'amour nous inspire ! »

Et l'écho, docile à ces chants,
Les fait retentir à l'oreille :
« Réjouissons-nous, le printemps
» Veut que tout ici se réveille.
» L'Amour, ce petit dieu malin,
» En dit autant; il nous transporte ;
» Sa voix est l'arrêt du destin :
» Au doux hymen il nous exhorte.

» Ce *oui* si longtemps désiré,
» En ces beaux jours qu'il se prononce;
» Ici-bas, rien n'est assuré :
» Ah ! tout, chaque jour, nous l'annonce.

» Si le présent seul est à nous,
» Il faut en profiter de suite ;
» Demain peut faire des jaloux,
» Chère Emma, qui donc en profite ? »

Souvenir & Reconnaissance.

Il est un sentiment que Dieu, par sa bonté,
Dans le cœur des humains a voulu faire naître,
Même chez l'animal en domesticité ;
Ce sentiment, heureux quand il peut se connaître,
Surtout s'il part d'un cœur ému par un bienfait,
Il est alors vertu dont on se glorifie :
Ah ! c'est le *souvenir* qui rend l'homme parfait,
Qui lui fait supporter les soucis de la vie :
Des exemples nombreux sont là pour le prouver.
— *Alfred*, émerveillé de voir que la fortune,
Encore en son printemps, pouvait lui procurer
Une brillante aisance en ces jours peu commune,
Mettait, dois-je le dire, un peu trop à l'écart
Tout ce que la raison à chaque instant commande.
Son commerce allait-il ? c'était par un hasard
Qu'un rien faisait changer ; sans cesse une demande
D'un généreux appui s'adressait à *Victor*,
Et jamais de refus ; une amitié sincère
Les liait tous les deux. Ah ! c'était l'âge d'or
Où brillait la vertu. Point de vaine prière ;
On se plaisait d'aller au-devant du désir :
En ce siècle peut-on dire c'est bien de même ?
Victor était heureux, n'avait pour tout plaisir
Que celui d'obliger ; vigilant à l'extrême,
Coup d'œil approfondi par l'application
Et toutefois vieilli par une expérience

Dont bien souvent il faut se faire une leçon,
Pour *Alfred* se trouvait être une providence ;
Il le sentit si bien, qu'il supplia *Victor*
D'être son intendant, le régisseur suprême
De son vaste domaine et du commerce encor
Où le savoir du maître est loin d'être un problème :
On peut le comparer à la clef d'un trésor :
Sans cesse il le grossit, et sans nuire à personne.
— Peu de temps dut suffire à l'ami précieux
Pour faire ressortir ce que le travail donne.
Promptement réparés, c'étaient de nouveaux lieux,
Brillants et productifs, et surtout le commerce
Offrant de plus en plus un immense intérêt ;
Ce résultat flatteur qui trop de fois nous berce
Par ce funeste appât qui nous tient en arrêt,
Cette soif de l'or, hélas ! qui nous altère,
Faisait sourire *Alfred*, l'amenait à grands pas
A la saine raison, changea son caractère,
Lui donnant un aplomb qu'il ne possédait pas.
Rendu, dis-je, à lui-même, au sentiment que l'homme
Devrait toujours avoir, il dut donc réfléchir
Pour savoir à peu près quelle serait la somme
Qu'il lui faudrait donner, qui pourrait l'affranchir
D'un devoir qu'il devait comme *reconnaissance*.
— *Alfred* avait chez lui Zulma, sa jeune sœur ;
Dix-sept printemps à peine avaient donné naissance
Aux dons que la nature offre à l'admirateur :
Profonde instruction, gaîté qui rien ne gâte,
En ses mille faveurs la nature l'avait
Douée entièrement de ce charme qui flatte,
De cette expression qui fait qu'on l'admirait.
L'âge et ses qualités la rendaient accomplie,
Et s'étant aperçu qu'elle acceptait de cœur
Les gracieusetés, plaisante facétie
Que *Victor* débitait à l'instar d'un acteur,

Et qu'il la recherchait avec la modestie
Que l'estime prescrit, qui montre toutefois
Une amitié qui croît, et qui, sans qu'on y songe,
Sans croire faire mal, met le cœur aux abois ;
Loin de le soulager, l'amour survient, le plonge,
Lui fait connaître enfin le doux besoin d'aimer.
Alfred, homme du monde, ayant pu juger, dis-je,
Ce qui se préparait, ne pouvant se blâmer,
Vit une occasion devenant un prodige
Pour lui, pour deux amants qu'il allait rendre heureux.
« *Victor, le souvenir et la reconnaissance,*
» Dit-il à son ami, sont des présents des cieux ;
» Qui sait les admirer fait preuve de science :
» Pour un lien sacré, vous recherchez ma sœur ;
» *Quatre-vingt mille francs* seront sa légitime,
» Et tous deux resterez avec un bienfaiteur.
» C'est vous dire, je crois, bien grande est mon estime ;
» Alors répondez-moi ; je pourrai dès ce soir
» Causer avec ma sœur et vous faire connaître
» Quel est son sentiment, lui faisant entrevoir
» Que de cette union sans doute on verrait naître
» Une prospérité désirable pour tous. »
— *Victor*, charmé, surpris que le secret qu'il aime
Se trouve dévoilé, qu'un sentiment si doux
Seulement désiré, rende sa joie extrême,
A l'instant répondit ces quelques mots flatteurs :
— « *Alfred*, oui, vous avez par votre expérience
» Apprécié des vœux dont pour moi les douceurs
» Charmeraient à jamais ma bien simple existence.
» Si, comme observateur, zélé dans un devoir
» Que seule l'amitié m'offrait couleur de rose,
» J'ai pu, selon mes vœux, vous faire à jamais voir
» Que toujours ce que l'homme, ou plus ou moins, dispose
» Selon ses facultés, vous était assuré,
» Des succès éclatants étaient ma récompense ;

» Mais vous m'en offrez une : ah! puisse votre gré
» S'accomplir par un *oui* comblant mon espérance. »
— C'était en dire assez; *Alfred* sonda sa sœur,
Lui faisant entrevoir la joie et l'avantage
Qui brilleraient pour tous. Une prompte rougeur
Vint, comme un trait de feu, colorer son visage :
Ah! c'était bien le *oui* que prononçait son cœur.
— *Victor*, dès le soir même, en obtint l'assurance,
Et, dès lors, sous huit jours, ils devinrent époux.
Parents, amis, voisins invités à la fête,
Passèrent, tous flattés, des moments les plus doux,
Et *Victor* dut chanter, car il était poète.

COUPLETS.

Amis, *le souvenir*
Et *la reconnaissance*
Jettent sur l'avenir
Un baume, cette essence
Qu'on appelle bonheur.
A la fleur de mon âge
Je répétais par cœur
Ce bienheureux adage.

D'Alfred, ami puissant,
Je me vois le beau-frère;
Ignorez-vous comment
Ces nœuds ont pu se faire?
De sa part, *souvenir*,
Soif de *reconnaissance*,
Me font un avenir
Tout brillant d'espérance.

Oh! vous, tendre Zulma,
Mon épouse chérie,

Naguère Alfred aima!...
Ce charme de la vie
Invite au *souvenir*,
A *la reconnaissance*,
Le *oui* qu'il faut bénir
Flatte mon existence.

Célébrons ce beau jour,
Le plaisir nous assemble;
Tendre amitié, l'amour
Ne font qu'un, ce me semble.
Avec *le souvenir*
Et *la reconnaissance*,
Je vois dans l'avenir
Bonheur et jouissance.

De ce jus que Bacchus,
A la face vermeille,
Nous présente en élus
Des flatteurs de la treille.
Buvons en *souvenir*
De *la reconnaissance*
Qui ne pourra finir
Qu'avec mon existence.

Chansonnette.

Qu'entends-je au bas de la colline?
Le murmure d'un frais ruisseau
Epandant son onde argentine,
Jaillissant du haut du coteau.

Sous l'ombrage de la parure
De mille verdoyants bosquets,
Les doux chantres de la nature
Tiennent nos esprits aux aguets.

Là, c'est Philomèle plaintive,
La fauvette aux si doux accents,
Le merle qui siffle, et la grive,
Qui tous annoncent le printemps.

Tous les vergers et les prairies,
Les uns aux odorantes fleurs,
Les autres aux herbes fleuries,
Font sourire, égayent les cœurs.

J'étais sombre, mais une joie
Me transporte en ce doux moment;
Puisqu'en charmes tout se déploie,
Dès lors, je souris au présent.

Amour, dois-je encore prétendre
A la moindre de tes faveurs?
Ce serait par trop me surprendre :
Pour moi, plus de rêves flatteurs.

Bacchus, c'est toi seul qui me reste;
Alors, vive ton jus divin !
Car je ne suis joyeux et leste
Qu'en tenant mon verre à la main.

L'Échange de Souliers.

C'était par une froide, humide matinée,
Vers la fin de ce mois qui termine l'année,
Qu'un vénérable abbé, fléchissant sous le poids
De quatre-vingts hivers et de plus quelques mois,
Rencontre un ouvrier encore en un bel âge.
Mais dont l'état était, du moins par le visage,
Accablé par le mal et digne de pitié :
Ses jambes fléchissaient sous son corps tout ployé.
Près de ce malheureux, le bon abbé s'approche,
Et, sans prendre le ton ayant trait au reproche,
Mais bien par la douceur qu'inspire l'intérêt :
— « Je ne puis m'empêcher de vous faire à regret
» Une observation que vous trouverez sévère ;
» Je la dois, toutefois, à mon saint ministère.
» Votre imprudence est grande en le piteux état
» Dans lequel je vous vois ; mieux vaudrait un grabat,
» Qu'ainsi vous exposer à cette température
» Qui toujours est nuisible à celui qui l'endure.
» — Hélas ! monsieur l'abbé, je sors de l'hôpital, »
Lui répond le pauvre homme. « Allez-vous-en, le mal
» Est guéri, m'a-t-on dit ; il faut de l'exercice
» Pour remettre vos sens : le grand air est propice
» A l'état de faiblesse où vous êtes encor.
» Votre lit nous devient nécessaire d'abord. »
» — A cette injonction, la seule chose à faire
» Etait bien d'obéir et plaindre ma misère.
» — Vos souliers sont percés ; les garder plus longtemps
» A vos pieds douloureux par la rigueur du temps,
» Vous ferait éprouver, sans doute, une rechute ;
» Mettons-nous, mon ami, derrière cette butte,

» Vous chausserez les miens, l'échange sera fait;
» Vous pourrez mieux marcher, et serai satisfait. »
— L'ouvrier, ébahi, laisse échapper des larmes,
De ces larmes de cœur offrant toujours les charmes
Que l'on ose espérer comme acquit d'un bienfait;
Il accepte le don que le curé lui fait,
Et, de plus, une bourse assez bien arrondie,
Le saint homme de Dieu voulant qu'il ne mendie.
— Flatté de l'action qu'il devait au hasard,
Et, quittant l'ouvrier, le modeste vieillard,
Lentement, mais joyeux, vers chez lui s'achemine.
— Sa vieille domestique, en le voyant, devine
Ce qu'il venait de faire, étant si mal chaussé.
« Vous trouvez donc, Monsieur, ne jamais faire assez?
» L'aumône vous devient un besoin nécessaire,
» Oui; mais avec sagesse il vous faudrait la faire.
» Votre grand âge est là : des soins minutieux
» Peuvent vous prolonger encor, selon nos vœux,
» Une noble existence à nous tous aussi chère;
» A votre détriment soulager la misère,
» Aller ainsi nu-pieds ne peut se pardonner. »
— Les yeux du bon vieillard soudain vinrent donner
La preuve qu'il sentait ce que le cœur inspire,
Et, dans ce doux état, il s'empressa de dire :
« Jeanneton, j'apprécie à sa juste valeur
» Votre observation : elle émane du cœur.
» Sublime charité par Dieu m'est inspirée;
» La faire est un devoir, une chose sacrée.
» Un ouvrier sortant de ce lieu de douleur,
» De l'hôpital enfin, offrant une pâleur
» Qui dénotait encore une grande faiblesse,
» S'est offert devant moi; son état de détresse,
» La rigueur de l'hiver, et le voyant pieds nus,
» Ne pensant point à moi, soudain mes sens émus
» M'ont dicté l'action que je ferais encore :

» Charité réfléchie, en nous flattant, honore.
» J'ai changé mes souliers pour ce que vous voyez;
» J'ai bien pu m'en passer, c'est vous en dire assez.
» Des vœux, pour les besoins, ne sauraient satisfaire :
» Aux malheureux il faut donner le nécessaire.
» *Des souliers, Jeanneton, je puis m'en procurer ;*
» *Mais le pauvre artisan ne peut qu'en désirer.* »

Le Prêtre.

Sur cette terre où la douleur
Semble partout prendre naissance,
On trouve un homme dont le cœur
Est un modèle de prudence,
Et qui, renonçant à jamais
Aux insignes faveurs de l'époux et du père,
Adopte, comme un des bienfaits
Qui lui sont dévolus sur cette triste terre,
L'ensemble de l'humanité.
Toutefois il laisse du monde
Les vains plaisirs, cette frivolité,
Surtout cette ignoble faconde
Que l'homme, de nos jours, appelle une vertu !
L'ambition !... il en aime une :
Celle de relever un cœur faible, abattu,
Soit par l'insouciance ou revers de fortune.
Père des orphelins, soutien des malheureux,
Une abnégation sublime est bien sa vie;
A l'accomplissement de ses devoirs pieux,
Sans cesse il se dévoue, et, jamais asservie,
Son âme ne connaît que l'empire du bien.
Répandant ses bienfaits, vers des plages lointaines

Il dirige ses pas; il n'est point de lien
Qui puisse l'arrêter : les souffrances, les peines
Deviennent mille fois des motifs sérieux
D'un vif entraînement dans sa sainte croyance,
Pour la faire fleurir dans ces immenses lieux
Où la chrétienneté se trouve dans l'enfance.
— Interprète éloquent de ces dogmes sacrés,
De cette volonté qu'il proclame divine,
Il montre constamment aux frères égarés
Ce qu'il faut accomplir; brise cette routine
Qui jette un voile obscur sur la création,
Sur l'incessant désir que tout flatte et prospère.
Etre esclave du bien est sa dévotion;
  Oui, c'est bien l'ange tutélaire
  Entre les grandeurs, la misère!...
De l'opulence, actif dispensateur
Des immenses bienfaits qu'elle offre dans ce monde;
A la misère offrant un appui protecteur;
A sa voix, la tendresse, exempte de faconde,
Et la compassion effacent dans les cœurs
L'ignoble dureté, la froide indifférence.
La haine s'amoindrit, l'âme acquiert des douceurs,
Vive fraternité montre son influence;
Les mains s'offrent bientôt avec affection,
  Comme un besoin, comme dévotion.
— Le malheur est le seul titre à ses préférences,
  Au crime même on le voit compatir,
Et calmer, consoler, adoucir les souffrances
De ces hommes pervers qu'il faut assujettir
A se soumettre aux lois, sans cesse nécessaires,
Par le débordement d'horribles passions;
Humblement il leur dit : *nous sommes tous des frères;*
Divine charité lui prodigue ses dons,
Et dans ses actions devient inépuisable,
  Prenant sa source au cœur de *Dieu puissant.*

— Son influence est en tous lieux palpable;
Le puissant et le pauvre, avec un air riant,
Sont heureux des effets de sa sainte parole,
    Acceptent ses puissants avis.
Plus tôt, plus tard, pour tous, sa chaire est une école
Tendant à ramener forts et faibles esprits
A ces hauts sentiments qu'on admire et qu'on aime.
— L'enfant venant au monde, il le présente à Dieu,
Sans cesse il le soutien; sa volonté suprême
Finit par s'accepter; c'est un sublime feu
Qui l'anime et détruit dans le cours de sa vie,
Au moins fait supporter anxiété, revers,
Dont, malgré lui, son âme est parfois asservie.
    A-t-il payé sa dette à l'univers?
Meurt-il? c'est encor lui, tout en sainte prière,
    Qui le remet à Dieu, son créateur!..
— Quel est cet homme, ayant si digne ministère,
Dont chaque instant signale un acte de grandeur,
Ne cherchant même pas à le faire connaître?
Vous l'avez deviné souriant... *c'est le prêtre!*

Épître à mon Ami.

Cher ami, c'en est fait, je crois que je radote;
On me dit et souvent que je ne vieillis pas;
Toutefois, le contraire est là qui me dénote
    Que la courtoisie, ici-bas,
Est un masque trompeur que l'on prend pour vous plaire,
Et voiler, en un mot, austère vérité.
    Pour se juger, il n'est point nécessaire
    Que l'on soit plus ou moins cité,
Soit en bien, soit en mal, par tel ou tel caprice;
En soi-même on possède, à ne pas en douter,

Les suprêmes moyens pour se rendre justice.
L'ignorant, l'orgueilleux peuvent le contester;
Mais le principe est là plus fort que l'arrogance :
Au travail, mal ou bien, se juge l'ouvrier,
   Soit dans les arts ou la science.
La critique a ses torts, on ne peut le nier;
Malignité, caprice et parfois jalousie
   Alimentent certains esprits;
Faire le mal sans cause est une noire envie :
D'autrefois, d'aujourd'hui tels sont les tristes fruits.
Enfin, mon cher ami, d'après ce verbiage,
Tu vas dire : « C'est vrai, Florimon a raison;
 » On s'aperçoit, par trop de fois, que l'âge
» Imprime à ses écrits un coupable abandon.
» Poète soi-disant, dans une même pièce,
 » Trois, quatre vers attendent vainement,
» Riche ou pauvre, une rime; ah! cette faute blesse.
 » Et ne saurait se pardonner vraiment.
 » Par-ci, par-là, la césure obligée,
» Dis-je, par un repos, se trouve négligée.
 » Ah! cher ami, réveillez-vous,
 » Puisqu'on vous dit que la vieillesse
» Vous épargne et ne veut vous frapper de ses coups:
» Surveillez votre lyre, évitez la mollesse;
» Que l'on puisse encor dire un aimable bravo
 » A la plaisante chansonnette,
» A la fable instructive, et rire au rien nouveau
» De la femme du coin, tant soit peu guillerette,
» Voyant tout, sachant tout. Un mensonge aussitôt
» Serait-il découvert? Elle en rit la première,
 » Change de conversation. »
Joyeux et répétant ce qu'a dit la commère,
Moi le premier j'en fais un motif de chanson :

CHANSONNETTE HISTORIQUE.

Une jeune grisette
A l'œil trop égrillard,
Toujours bien pomponnette
Dans sa mise du soir,
Car elle aime la danse,
Et que les amoureux
Ont souvent bonne chance
En ces réduits joyeux,

Par l'Amour fut blessée.
Ah! ses traits sont piquants!...
Loin d'en être offensée,
Ses regards plus brillants
Lui montraient l'espérance
Que l'hymen, sans tarder,
Par sa douce influence
Viendrait tout réparer.

Mais la devineresse,
Consultée un beau jour,
Dit : « Le mot de *oui* presse,
» Je le tiens de l'Amour. »
Par un léger sourire,
Elle ajouta, fuyant :
« Avant sept mois, le rire
» Ne sera pas bruyant. »

L'écho du voisinage,
Bavard et curieux,
N'imitant point le sage,
Répétait en tous lieux :
Avant sept mois, le rire
Ne sera pas bruyant!...

Que cela veut-il dire ?
Pour un chacun autant !...

Amis, le mariage
Est un amusement
Pour une fille sage ;
S'il en est autrement,
Qu'elle ait été légère,
Cruelle vérité
Se montre à la lumière :
Dès lors, plus de gaîté.

Eh bien ! mon cher ami, voilà la chansonnette,
Qui me plaît d'autant plus qu'elle n'est point roman.
La commère m'a dit, — serait-elle sujette
A vouloir s'amuser de moi pour un moment?
Mais non; elle m'a dit : « Dans huit jours, la journée
» Retentira partout de certains quolibets.
» Pauvres maris! telle est bien votre destinée :
» Le matin, vous riez; le soir, profonds regrets!...
» Les rubans de Fanchette auront la couleur blanche;
» Mais le cœur de la belle, un peu plus qu'attristé,
» Ne lui donnera pas une tournure franche.
» Bien sûr, elle entendra plus d'une vérité.
» Qu'y faire?... Mais venez en petite visite
» Le beau mardi prochain, qui fera les huit jours,
» Et, la musette en tête, avec nombreuse suite,
» Vous verrez les sujets dans leurs joyeux atours.
» Vous pourrez remarquer qu'une ample crinoline
» Jettera de la poudre aux yeux en ce beau jour;
» Cette mode, en tous cas, avec art les fascine :
» Elle a fait, on le dit, un pacte avec l'Amour.
» Enfin, avant sept mois, et je vous le répète,
       » Sombre tristesse aura son tour.
» Qu'en dire? C'est la vie, et cela m'inquiète !... »

— Pour écrire, tu vois que je ne taris pas ;
Avec une bavarde, il faut tant soit peu l'être :
Ainsi passe le temps ; dans ces divers ébats,
On voit le sombre ennui tout à coup disparaître.
Alors, mon cher ami, joviale gaîté,
    Sur le chemin aride de la vie,
    Vient nous offrir douce diversité,
Et l'on attend *demain* alors l'âme ravie.
    Eh bien ! adieu ; je serai, sous huit jours,
Au certain rendez-vous, pour jouir de la vue
Du triomphe du dieu qui régit les amours,
Faisant croire à Colas qu'il prend une ingénue !...

    Le matin, quand Phébus
    Vient éclairer le monde,
    On ne se souvient plus
    Des traits d'une faconde
    Fascinant les esprits
    Soit par le ridicule,
    Souvent par le mépris
    Près duquel on recule.

    Aujourd'hui, c'est un tel ;
    Demain, le tour d'un autre
    Que l'on prône à l'autel ;
    On le croit un apôtre.
    Mais semblable au ruisseau
    Roulant une onde pure,
    Un rien trouble son eau,
    Aux yeux la dénature.

    Fanchette a fait gloser ;
    Jamais l'oubli pour elle
    Ne peut se supposer !...
    Cette faute cruelle

Peut devenir un bien
Servant de retenue,
De suprême lien
Contenant l'ingénue!...

Charade.

Mon premier est une couleur
Qui sans cesse plaît à la vue.
Sous nos pères, où la grandeur
Ne se trouvait inconnue,
Avec orgueil on la montrait :
C'était une toute-puissance ;
On l'aimait, on la respectait
Comme un emblème de constance.
La jeune fille, dont le cœur
Lui dit tout bas qu'il faut qu'elle aime,
Se pare de cette couleur
Comme pour dire : *il est de même!*...
Par un arrêt d'un cruel sort,
Ah! ne fait-elle que paraître?
Sur sa tombe on y voit encor
Si belle couleur apparaître.
— Mon second, comment l'exprimer?
Qui peut le goûter sur la terre?
Mille peines pour comprimer
Ce qui pourrait nous satisfaire ;
Aussi, de lui, bien des savants,
Laissant à part toute critique,
En ont fait, par leurs sentiments,
Un proverbe, il est même antique :
« L'histoire d'une nation,
» De l'humanité tout entière

» S'analyse, et qui dira non ?
» *Heur et malheur sur cette terre!...* »
De mon entier, auprès d'Emma,
Mes yeux exprimaient le sourire ;
En la voyant, tout me charma :
Son teint provoquait le délire,
Elle n'est plus !... elle m'aima !...

Énigme.

A l'humanité tout entière
Je suis, toujours serai reconnu nécessaire.
  Comme toute chose ici-bas,
Je me trouve sujet aux mille vains caprices
D'un tyran que l'on flatte et critique parfois ;
De la mode, en un mot, ayant ses artifices
  Souvent contraires au bon goût,
Profitables aux uns et gênes pour les autres ;
Mais à cela que dire ? on le remarque en tout !...
Jeunes filles, parfois prises pour des apôtres,
Dont pourtant la conduite a dû faire jaser,
Par le dieu des amours encore aiguillonnées,
Désirent me porter, ne craignent pas d'oser
Montrer qu'elles en sont même passionnées,
Et prononcent le *oui*, tout en disant tout bas :
Plus de crainte à présent ; il est une sentence,
Précieuse pour nous, faisant rire aux éclats :
Ce qui peut se trouver, venir, sans qu'il y pense,
  Dans son domaine, appartient à Colas.

Autre.

Je passionne tout sur cette triste terre;
Mais, pour jouir de moi, nul ne peut réussir.
Enchaînée en tous lieux, la force, la prière
N'ont pas assez de poids pour, selon mon désir,
      Faire goûter à chacun un charme
      Qui peut s'appeler le bonheur.
      En vain est-on muni d'une arme;
Ah! ce moyen terrible imprime la terreur,
      Mais ne saurait à jamais me soumettre.
    Finesse, astuce, enfin, tout ici-bas,
Par désirs, par efforts, ne voulant rien omettre,
Cherche à jouir de moi, mais ne réussit pas.
    Semblable à la pierre philosophale,
On me recherche en vain; c'est l'histoire de tout.
Parfois, le grand gémit, c'est en vain qu'il s'étale,
L'ouvrier obligé de se tenir debout,
Le commerçant en butte à ce qu'il ne peut faire,
La charmante Cloris qui veut se marier,
Mais qui ne peut agir sans le *oui* de sa mère,
L'oiseau, par un lacet, étant prisonnier!...
Enfin, que de désirs contrariés sans cesse!
Des vœux, on les exprime, ils restent tous impuissants!...
    — Mais quelle est donc cette déesse
Si flattée et que l'on désire en tous les temps?
Dans les siècles passés, rarement apparue,
    Il en est bien de même de nos jours;
Au surplus, la vertu nous devient inconnue,
Et pareil sort l'attend sans doute pour toujours!...

Simple délassement.

De la diversité dans le cours de la vie
        Donne un charme, fait oublier
Les travers, les soucis que font naître l'envie,
Et sous le poids desquels il faut savoir ployer.
        S'en faire une incessante étude
        Est un besoin, est un devoir
        Dont j'use dans ma solitude,
        En reconnaissant le pouvoir.
      — Assis sur le seuil de ma porte,
Presque toujours docte journal en main,
Pour ne pas m'endormir faisant toujours en sorte,
        Car le style banal, hautain
        En donne bien souvent l'envie;
Enfin, par-ci, par-là je porte mes regards.
A des moments marqués, Fanchonnette et Sylvie
Allant à leur ouvrage, ou bien où les hasards
        Ou l'amour peuvent les conduire.
Le bonjour, le bonsoir s'échangent en riant;
        Cette monnaie a l'art d'instruire,
Et si le caractère est maussade ou plaisant,
        C'est une minute passée
        Que je dérobe au sombre ennui :
    Est-ce l'effet d'une tête insensée?
Je ne l'ai jamais cru, moins encore aujourd'hui.
Aimables à-propos rappellent la jeunesse,
    Cet âge heureux qui s'enfuit tous les jours,
Mais dont le souvenir flatte encor la vieillesse,
En laissant de côté le charme des amours.
      — Me détournant, quelle douce surprise !
A mes côtés, ma chienne et quatre chats jouant;

Ils s'amusent à leur guise,
Et cet accord sourit à mon penchant.
Chiens et chats, est-il dit, sont toujours en querelle ;
Ah ! le contraire est sous mes yeux :
Ron-ron et caresse nouvelle
Dénotent qu'il existe entre eux
Un accord qui dément la parole usuelle.
Ah ! le sentiment d'amitié
A pour eux tant de charme, est si pur en lui-même,
Que tout en est édifié,
Que, chez les animaux, il se pousse à l'extrême.
Cela me réjouit ; mais, prompt comme un éclair,
Il vient attrister ma pensée.
Avec eux marchons-nous de pair ?
Le cœur nous dicte-t-il cette action sensée,
Ce mérite incessant qui s'appelle grandeur ?
Je pourrais dire non. L'âme semble être usée ;
En elle on ne voit que torpeur.
Jalousie, égoïsme, vice
Font délaisser le genre humain ;
Point d'amitié : seul, le caprice
Se montre avec son air hautain !...
— Mais, portant mes regards sur la plaine riante,
Que de beautés dans ce vaste rayon !
Semblables à la mer, à la vague mouvante,
Que d'immenses épis, poussés par l'aquilon,
S'agitent en tous sens et forment à la vue
Ces ondulations qu'on ne saurait compter !
O brillante nature ! à l'œil, inaperçue,
Ta beauté ne peut l'être ; il faut voir, ajouter :
Contemplez et sachez vous taire !...
Du sage tel était l'axiome autrefois ;
Le répéter nous devient nécessaire,
Et la raison l'impose toutefois.
— Où donc ma froide solitude

Me conduit-elle en ce moment?
Je contemple, il est vrai; pour moi, c'est une étude;
Me taire, ah! deviendrait un effort impuissant
Dans le cruel chemin que je parcours encore.
Tant d'obstacles sont là; ne pouvant les franchir,
Je n'ai qu'à m'écrier : Si le silence honore,
Comment de ce devoir pourrai-je m'affranchir?...
— Mais la diversité, dans le cours de la vie,
    Donnant un charme et faisant oublier
Les travers, les soucis que font naître l'envie,
Et sous le poids desquels il faut savoir ployer,
    Quittons le seuil de cette porte;
Allons dans mon parterre, où mes tilleuls touffus,
Mes rosiers et mes fleurs, par les soins que j'apporte,
Présentent des produits variés peu connus.

    Ah! ce lieu que j'admire
    Me voit matin et soir;
    L'air frais que j'y respire
    Me sourit en espoir.
    Toujours j'y vois Sylvie
    Conduisant, ramenant
    Une troupe chérie :
    Nombreux agneaux bêlant.

    Ah! je sais qu'elle m'aime;
    Aussi, quand je la vois,
    Ma joie en est extrême
    Et souris chaque fois.
    En renom, pour égale
    Je lui donne une fleur,
    Comme étant sa rivale
    En éclat, en fraîcheur.

    Des oiseaux, sous l'ombrage
    D'un bosquet verdoyant,

J'entends le doux ramage ;
Sans cesse voltigeant,
Leurs jeux me font sourire,
Parlent même à mon cœur,
Et soudain me font dire :
Pour eux est le bonheur.

A ces moments de joie
Donnons tendre repos ;
Heureux ceux que j'emploie
A soumettre les maux,
Tâcher qu'on les oublie
Par la diversité,
Et qu'on dise : la vie
N'est que félicité.

Méditation.

Si, par un effet merveilleux,
Nos vieux pères pouvaient revenir sur la terre,
Que d'étonnement !... Quoi ! ce ne sont plus les lieux
Où la simplicité, de notre temps si chère,
Nous offrait mille dons ! Là, c'était la chaumière
Recouverte de paille, où les parents, amis,
  Et ces derniers n'étaient point rares,
  Goûtaient ce doux bonheur promis,
  Jamais à ces êtres bizarres
  Dont le cœur est dénaturé
Soit par l'ambition qui dégénère en vice,
Ou cette soif de l'or dont on est inspiré
  Par ce besoin de faire un sacrifice
  A ce qu'ils veulent à tout prix ;

Mais bien à ceux qu'une amitié sincère
Se plait à prodiguer ses douceurs et ses fruits.
— A nos yeux étonnés, jadis féconde terre
Se trouve supporter des maisons, des palais;
Des excavations offrant d'immenses lignes
Où le fer apparaît en formidables traits.
A des moments donnés, pour mieux dire, à des signes,
Des blocs offrant à l'œil des formes de maisons,
Passant comme le vent à la vue étonnée :
    C'est le commerce en vrais ballons.
— La voiture, autrefois par cinq chevaux traînée,
Faisait ce lent office, et douze voyageurs,
Après un long trajet, entonnaient la prière
En action de grâces, écrasés de douleurs
Par des chocs incessants d'en avant, en arrière :
C'était un vrai supplice, et fait pour dégoûter.
— Dans ce sombre lointain où le morne silence
Semble vous assoupir, et dans le cœur jeter
Cruelle vérité... *bien courte est l'existence!*...
    Ah! c'est le lieu de l'éternel repos!
Comme il est décoré! quelle magnificence!
    Faut-il louer ce faste d'oripeaux?
C'est un orgueil tardif, hélas! pour faire croire
    Au sentiment qu'on pouvait mériter :
Celui de l'amitié; mais l'éclatante histoire
    Arrive tôt ou tard pour constater,
Que tout ce que l'on fait, l'existence finie,
Est un simple cachet, brillant cachet d'orgueil.
Autrefois on s'aimait, c'était bien douce vie;
On ne rit aujourd'hui qu'en voyant un cercueil!
    De notre temps, de bien modestes pierres,
      Selon la volonté de Dieu,
     Après des pleurs et des prières,
    Apparaissaient plus ou moins dans ce lieu;
Point d'ostentation, mais des regrets sincères

Dans le terrible mot *adieu!*
Ah! par ce que l'on voit, la terre transformée
N'offre plus rien de ce qu'elle était autrefois;
Elle se trouve accoutumée
Aux caprices des arts; les produits, toutefois,
Peuvent offrir certaine différence;
Est-ce en bien, est-ce en mal? la génération
Pourra l'apprendre avec l'expérience;
Ce qui mérite en tout de l'admiration
Sont les progrès de la science.
Les distances ne sont plus rien;
Elle a mis au jour l'art de la télégraphie;
Les peuples, le commerce y trouvent un grand bien.
Plus de pinceaux : par la photographie,
Paysages, portraits, ce qui brille ici-bas
Vous sont représentés imitant la nature.
Mille progrès ont fait d'immenses pas;
A côté de ce bien, il est un mal qui dure :
Ah! c'est le cœur qui s'endurcit!
La charité devient une chose pénible;
On n'en recherche point un aimable récit;
Ah! genre humain, au mieux tu deviens insensible.

Bluette.

Est-il un âge heureux? C'est celui de l'enfance.
A cet âge où des riens, mais où le sentiment
Qu'inspire l'amitié, dont la suave essence
     Lui fait goûter un bonheur si puissant,
Qu'elle s'élance avec un charme irrésistible
        Dans le chemin plus ou moins long
Qu'on appelle la vie. A la joie accessible,
    Point faite encore à ce que la raison,
    Plus tard, prescrit à l'humaine nature,
    Elle jouit, sans penser que demain
Pourrait ne pas offrir une chance qui dure,
    Et, trop souvent, c'est l'arrêt du destin.
Dans l'âge adolescent, rarement on s'affecte;
Que de châteaux se font sans pierres, sans mortier!
L'imagination seule en est l'architecte.
Voyez Elise, Edmond, tous deux s'ingénier
A qui mieux construira tel ou tel édifice;
Des cartes à jouer est tout ce qu'il leur faut.
Ce travail ne saurait donner du bénéfice :
Satisfaire une idée, un caprice plutôt,
     Voir s'écouler en jouissance
Des moments qu'au jeune âge on ne saurait compter,
Devient un résultat, est tout une espérance,
Ayant surtout le don précieux de flatter.
— Ah! que les premiers pas du chemin de la vie
Font époque plus tard, et sont parfois sujets
     A des souris, à des regrets!
Mais de tout c'est ainsi; chaque phase est suivie
    De plus ou moins de méditation,
    Chacune offrant une sensation

Plutôt pénible qu'agréable.
L'expérience est nulle pour l'enfant;
Donnée à l'homme, il paye cher souvent
Une irréflexion dont il est incapable
De surmonter l'effet, vu qu'il est émouvant;
Pour s'étourdir il fait des châteaux en Espagne
Qui ne sauraient valoir ceux bâtis en carton :
L'idéal étant là, soudain l'ennui se gagne.
Le réel toujours plaît par la diversion;
Aussi, l'enfant jouit de son ouvrage;
S'il ne lui convient pas, bientôt il le refait :
Au moins pour un moment la vue a satisfait.
C'est, on doit l'avouer, un certain avantage;
Puisqu'il fait rire, alors il plaît.

Chanson.

Il est parfois d'heureux instants,
De ce nombre est cette journée;
Elle accomplit onze printemps
Passés sous les lois d'Hyménée.

A jamais je chéris mes nœuds ;
A les bénir, oui, tout m'engage ;
Mon épouse me rend heureux :
Elle est toujours aimable et sage.

Avide de nouveaux lauriers,
Le Français désire la guerre ;
Pour dérober tendres baisers,
Lindor cherche et flatte Glicère.
Chacun a son but ici-bas ;
Le mien se devine, je pense :
S'entourer d'amis, n'est-ce pas
Donner un charme à l'existence ?...

La gaîté doit nous convenir,
Désirons-la franche et durable ;
Puisse l'amitié nous unir :
C'est elle qui nous met à table.
Amis, pour jouir du présent,
Oublions les maux de la veille.
Qui fait les charmes du moment ?
L'amour et le dieu de la treille !

A l'Hymen je dois mon bonheur,
Je lui destine une couronne ;
Amis, il n'est point de rigueur
Dans les lois que ce dieu nous donne.
Cherchez à goûter ses bienfaits.
Prenez épouse qui vous aime,
Vos moments seront pleins d'attraits :
Vous connaîtrez bonheur suprême !

PIÈCES INÉDITES RETROUVÉES.

(ANNÉES 1825, 1826.)

Chanson de Table.

Il faut, pour égayer la vie,
Chanter le vin et les amours;
Croyez-moi, la mélancolie
En abrége et ternit le cours.
Amis, comme une ombre légère,
Malgré nous s'envole le temps;
Avant de quitter cette terre
Jouissons de ses agréments.

Un beau ciel n'est pas sans nuage,
Neptune a parfois ses fureurs;
De même, sur notre passage
S'offre la peine et ses rigueurs.
Mais tout a sa fin dans ce monde,
Il est des beaux jours, des plaisirs!
N'importe si le sage gronde:
Cherchons à combler nos désirs.

Souvent le dieu malin de Gnide
Séduit par des appas trompeurs,
Est volage, même perfide,
Mais on lui doit maintes douceurs.
Dans cette vie un peu d'adresse
Est un bien, surtout en amour;

Amusons-le par la caresse,
Il faut le payer de retour.

Pour nous, Bacchus a mille charmes;
On le fêtait chez nos aïeux;
Son doux nectar sèche nos larmes :
Mes chers amis, faisons comme eux.
A l'amour, au dieu de la treille
Consacrons nos plus doux moments;
Aimer, caresser sa bouteille
Est un bonheur de tous les temps.

Réponse à un Ami.

J'ai ton épître sous les yeux,
Je la relis, elle est charmante;
Vraiment ton style est gracieux,
Simple, naturel et m'enchante.
Tu me dis être dans les fers;
Rien, chez toi, ne sent l'esclavage;
Je vois de l'esprit dans tes vers,
Les dogmes, la gaîté d'un sage.
Oui, j'applaudis à ton talent;
Mais ta modestie est sévère,
Et tu n'en aurais pas autant,
Que de même tu saurais plaire.
— Pour moi tu vois briller l'espoir !...
Ce mot flatteur me fait sourire;
Ami, pourtant tu dois savoir
Qu'un rien suffit pour le détruire.
Il est vrai, bien moins rigoureux,
Le sort permet que je respire :

Plaisir, parfois, s'offre à mes yeux ;
Mais je le goûte avec sagesse,
C'est le moyen d'en jouir mieux.
Toujours simplicité, tendresse
Ont guidé mes pas chancelants ;
Cette maxime est salutaire ;
Ce n'est point les plaisirs bruyants
Qui nous font heureux sur la terre ;
Ils sont le masque de l'erreur :
On l'apprend par l'expérience.
Ah ! ce baume consolateur,
Ce doux charme de l'existence,
Oui, l'amitié fait mon bonheur.
J'aime ma tendre solitude,
Elle m'offre de vrais plaisirs,
Entre mes amis et l'étude
Je sais partager mes loisirs.
Ainsi, le temps qui nous dévore
Fuit, et, sans m'en apercevoir,
Au matin je crois être encore,
Souvent quand arrive le soir.
— Mais une pure jouissance
Ne se voit pas dans l'univers ;
Hélas ! il est dans notre essence
De forger nous-mêmes nos fers !...
Les désirs, l'aimable espérance
Agitent sans cesse nos cœurs ;
Aussi nous avons tous des peines,
Et versons plus ou moins des pleurs,
Cruelle absence fait les miennes !
Epouse aimable, enfant chéri,
Des amis tendres et sincères
Manquent à mon cœur attendri.
Je fais d'inutiles prières,
Le sort nous sépare toujours.

— Ah! quand viendront ces heureux jours,
Ces moments chers à ma pensée,
Où, loin d'un tumulte effrayant,
D'une multitude insensée,
Libre d'un devoir fatigant,
Tout à l'amitié qui m'inspire,
Je pourrai sourire un moment?
L'espérer serait un délire;
Mon sort, hélas, ne peut changer!
Je vais le suivre avec courage;
A mon avis, c'est ménager
Une rose dans ce voyage.

(Mon cher ami, je t'aurais plus tôt écrit; mais mon service a retardé ce plaisir.)

— Tu le sais, on est sur la terre
Soumis à l'amour, au devoir;
Pour ce dernier, j'ai dû me taire;
Dis-moi, pourrais-tu m'en vouloir?...
L'amour flatte un moment, sans doute;
Il nous procure des douceurs;
Mais du devoir, suivant la route,
Rarement on verse des pleurs.

(Adieu, mon cher ami.)

Je termine cet entretien,
Il te fatiguerait, je pense;
Toujours plaire serait un bien;
Mais je n'ai point cette science.
L'amitié, ce doux sentiment,
Impose un devoir nécessaire;
Je le réclame en ce moment :
C'est une indulgence plénière.

Aveu fait à un Mariage.

CHANSON.

Jadis, alors, on était raisonnable;
Chez les humains le *nombre* n'était rien;
Parfait bonheur se trouvait à la table,
Le dieu d'amour était toujours traitable :
      Tout allait bien,
      Tout allait bien.

Tendre baiser donné par son Hermance
Rendait heureux Lucas épris d'amour;
Cruels désirs, enfants de l'inconstance,
N'altéraient pas aimable jouissance,
      Comme en ce jour,
      Comme en ce jour.

Un seul plaisir, ah! c'est trop peu de chose;
Pour le goûter on doit tout hasarder.
Sur son mérite un chacun se repose :
Jeunes et vieux veulent cueillir la rose
      Sans trop tarder,
      Sans trop tarder.

Si le plaisir se compte, il diminue;
A mon avis, c'est grande vérité;
Mais par nous tous elle n'est pas connue,
Car si l'on doit en croire une ingénue,
      Elle a compté,
      Elle a compté.

Au nombre trois! dois-je ici tout vous dire?
Du beau Lindor le cœur faiblit et bat!

Mais, transporté par un heureux délire,
On a dit : cinq! Alors un doux sourire
　　　Finit l'ébat,
　　　Finit l'ébat.

Ce doux aveu mérite confiance,
Il est écrit dans les yeux des époux.
Applaudissons, amis, à leur vaillance;
Pour le plaisir ayons même constance,
　　　Car c'est bien doux,
　　　Car c'est bien doux!

Épître à mon Ami.

Je l'ai promis, mon premier soin,
En arrivant, est de t'écrire;
Pour moi c'est un pressant besoin,
Auquel il m'est doux de souscrire.
Privé du plaisir de te voir,
Une aimable correspondance
Aura le secret de pouvoir
Calmer les tourments de l'absence;
Cher ami, du moins je le crois.
— T'amuser et surtout te plaire
Seraient un vrai bonheur pour moi;
Mais nos désirs sur cette terre,
Hélas! ne sauraient s'accomplir :
Heureux si je puis te distraire!
L'esprit a le don d'embellir,
L'indulgence rend supportable :
J'invoque ce dernier appui;
A beaucoup de nous profitable,
Il m'est nécessaire aujourd'hui.

— Je voudrais, par un style aimable,
Dans un vers doux, harmonieux,
Te peindre de la capitale
Les beautés, les plaisirs nombreux,
Le luxe qui partout s'étale;
Répéter les on-dit du jour,
Et pour t'égayer, je parie,
J'aurais assez de ceux d'amour !
De la fine plaisanterie
Empruntant le léger pinceau,
Sans fiel, sans médisance aucune,
J'offrirais un piquant tableau.
A Paris, la blonde et la brune,
On le sait, aiment les plaisirs;
Mais n'est-ce pas la loi commune ?
Chacun veut charmer ses loisirs.
La précieuse, la coquette
Consultent souvent le miroir,
C'est un redoutable interprète ;
Mais on méconnaît son pouvoir.
Chez elles, le désir de plaire
L'emporte sur la vérité,
Et ce grand maître de la terre,
L'âge, est rarement écouté.
L'homme offre aussi son ridicule;
Suivez ses pas, ses actions!...
Le fat, devant le bien recule;
Par ses folles prétentions,
Le solliciteur inhabile
S'avilit sans trop y songer !
Pour le grand, rien n'est difficile :
A son bord tout doit se ranger !
— Telle est, ami, l'erreur humaine.
Il est une puissante loi;
Toujours la meilleure est la sienne :

On critique autrui, jamais soi.
La société, dans ce monde,
Nous offre un pénible tableau.
La vertu!... partout on la fronde :
Elle n'est pure qu'au berceau.
Le vice en tous lieux se décèle
Et s'offre avec impunité ;
Dans les salons, qui nous appelle ?...
Le jeu, la curiosité.
L'ennui fatigue, on se compose,
On affecte de la gaîté ;
Sur son mérite on se repose ;
Le masque de la vérité
Sert à parer le noir mensonge.
Ah ! tout ce qui s'offre à nos yeux
Passe comme un pénible songe,
Et pourtant on se dit heureux !...
— Surtout laissons la politique,
S'en occuper est une erreur ;
On parle, on s'échauffe, on critique :
L'amitié se change en aigreur.
Mais de ce monde périssable
Vouloir relever les défauts,
C'est une source inépuisable
D'ennuis, je dirai plus.... de maux !
L'expérience nous éclaire,
Suivre ses leçons est un bien ;
Elle nous dit : *sachez vous taire*,
Pour être heureux, c'est le moyen !
La vie est un rêve pénible,
Employons tout pour l'alléger ;
Ce n'est point la chose impossible :
Il ne faut jamais s'affliger.
A quoi sert d'avoir souvenance
Des maux passés, de nos douleurs ?

Pourquoi délaisser l'espérance ?
Dans l'avenir cherchons des fleurs.
A l'amour, l'aimable folie,
Dès lors, consacrons le présent :
Plus de sombre mélancolie;
Oublions d'un monde méchant
L'erreur, la constante faiblesse;
Dans nos écrits, le cœur content,
Faisons germer douce allégresse.
— En ce jour, pour y parvenir,
De notre singulier voyage,
Ami, je vais t'entretenir.
L'homme silencieux, le sage,
On est forcé d'en convenir,
Auraient blâmé notre conduite,
Repousseraient de tels ébats !
Si le plaisir a sa limite,
La raison ne l'a-t-elle pas?
L'amitié, disons la folie,
Guidait nos cœurs en ces moments;
Ce charme jamais ne s'oublie,
Il commande trop à nos sens.
— Dans notre modeste équipage,
Rappelle-toi comme les vents,
La neige se faisaient passage;
Combien de peines, de tourments,
Quand tout à coup la nuit obscure,
De ses longs voiles ténébreux,
Vint envelopper la nature !
Au milieu de chemins affreux,
Plongés dans un morne silence,
Seuls et sans espoir de secours,
Nous sentîmes notre imprudence !
La gaîté fut notre recours.
Aussi prompte que la pensée,

Notre peine s'évanouit,
Et l'espérance délaissée
Reparut et nous réjouit.
La neige nous fut salutaire ;
Soudain, à pied, à sa lueur,
Nous évitâmes, de l'ornière,
Les durs cahots, la profondeur.
Parfois, à peine si la trace
Du chemin s'offrait à nos yeux ;
Vents cruels, fossés, neige, glace,
Rien n'arrêtait nos pas douteux ;
Mais en butte à l'onde, à l'orage,
L'oiseau voyageur, le nocher,
Les yeux tendus vers le rivage,
Désirent le voir approcher ;
De même, je me le rappelle,
Nous formions des vœux pour toucher
Le but d'une route cruelle ;
Dans Vierzon, objet de nos vœux,
Enfin nous faisons notre entrée.
Non, le guerrier victorieux,
Lindor près d'Elise adorée
Ne sauraient être plus heureux !...
— Holà ! gens de l'hôtellerie,
Ouvrez, ouvrez, dépêchez-vous !...
Un seigneur aurait, je parie,
Bien moins fait d'embarras que nous.
La porte s'ouvre : à l'instant même,
D'un pesant harnais dégagé,
Dans un lieu commode à l'extrême,
Notre bucéphale est logé.
Près d'un feu pétillant, l'hôtesse,
Dont l'accueil nous fut gracieux,
A nous placer sitôt s'empresse :
C'était bien seconder nos vœux !

Mais, à notre âge, la nature
A bientôt recouvré ses droits ;
Chemins pénibles, nuit obscure,
Comme le songe qui, parfois,
Dans notre sommeil nous agite,
A l'instant furent oubliés.
— L'appétit nous commandait : vite,
Au chef, les ordres sont donnés.
Jeune fille, à l'air agréable,
Avec goût dresse le couvert ;
Rien n'est oublié sur la table,
Selon nos désirs on nous sert.
Le premier silence d'usage
Vient suspendre notre gaîté :
C'était le calme de l'orage !
Avec impétuosité
Se ranime notre allégresse,
Et chacun le verre en main,
Abjurant la sombre tristesse,
Notre bonheur devint certain...
— Aisément la raison s'égare ;
Nous le vîmes dans ce repas ;
Que ne puis-je, nouveau Pindare,
Redire ici tous nos ébats !...
Brillant d'un céleste génie,
Animé par la vérité,
Tracer avec douce harmonie
Des souvenirs purs de gaîté !...
. . . .
. . . .
— Loin de toi, loin de mon amie,
D'un fils qui fait tout mon bonheur,
Voyant, d'une pénible vie,
Sans plaisir s'écouler la fleur ;
N'ayant que ma peine pour guide,

Ainsi, je fais, ami, parfois
Résonner ma lyre timide.
Heureux si ma trop faible voix
Charme tes loisirs..., peut te plaire!
Surtout ne sois pas exigeant;
Tu le sais, l'amitié sincère
Nous dit toujours d'être indulgent.

Historiette.

Colas, après bien des soupirs,
Obtint la main de sa bergère;
Cet hymen comblait ses désirs :
Tout lui souriait sur la terre.
Un soir, après certains ébats d'amour,
Emu par douce jouissance,
Colas dit à sa belle : « Ah! je bénis le jour
» Qui vit former notre alliance,
» Et je m'estime bien heureux
» Que tu n'aies point, par avance,
» Comme je le voulais, couronné tendres feux ;
» Je ne t'aurais pas épousée !
— » J'ai lieu de le penser, dit la belle en riant;
» *Mais, alors, j'étais avisée;*
» Lorsque j'ai dit le *oui* charmant,
» J'avais, à ce sujet, plus d'une expérience!... »
Notre pauvre Colas, saisi d'étonnement
Après un tel aveu, dut garder le silence.

Chanson.

Plaisir passé bientôt s'oublie,
Un rien suffit pour attrister;
Aussi, plein de mélancolie,
On dit, à qui veut l'écouter :
Ah! rien n'est stable sur la terre,
Tout nous force d'en convenir;
Pour goûter le bonheur, que faire ? } Bis.
C'est un problème à définir.

Amant chéri de la victoire,
Couvert d'honneurs et de lauriers,
Le soldat voudrait plus de gloire;
On l'entend dire, des premiers :
    Ah! rien n'est, etc.

Lise est belle et n'est point contente;
L'âge respecte ses atours;
De Mirtis, la flamme est constante,
Pourtant elle dit tous les jours :
    Ah! rien n'est, etc.

Le plaisir a beau lui sourire,
Le destin seconder ses vœux,
L'homme, ici-bas, toujours désire,
Et redit ces mots douloureux :
    Ah! rien n'est, etc.

Tout, jusqu'alors, me faisait craindre
Que je suivrais le sort commun;
Mais, près de vous, puis-je me plaindre?
J'y vois mille plaisirs pour un :

Oui, le bonheur est sur la terre,
Ici tout m'en fait convenir;
Pour le goûter, il faut vous plaire : } Bis.
Je ne puis mieux le définir.

Boutade.

Avant de critiquer la conduite d'autrui,
On devrait, selon moi, chercher à la connaître;
Mais, hélas! ce n'est point la règle d'aujourd'hui :
Il faut que l'homme juge et qu'il prononce en maître.
Damis vient-il chez moi? suis-je trouvé par lui
Dans ces lieux enchanteurs où l'art et la nature
Se disputent l'orgueil d'une riche parure,
Dans ces lieux de bonheur où l'on voit tout Paris?
Mon aspect le saisit, ma conduite l'étonne.
Toujours triste et rêveur, ne fréquentant personne,
Il me dit misanthrope !... A ses propos je ris;
    Il est injuste, eh bien! je le pardonne!
A me justifier un instant suffirait :
Ah! sur mon triste sort qui ne s'attendrirait !
La vie a ses plaisirs, elle offre aussi des peines;
    Chacun sent plus ou moins les siennes :
Personne mieux que moi ne pourrait l'attester.
A peine ai-je paru sur la scène du monde,
Le sort, sans cesse habile à me persécuter,
A laissé dans mon âme une douleur profonde;
Aussi, je dois le dire, et c'est affreux pour moi,
Je me trouve étranger aux plaisirs, à la gloire !
Il est vrai, Mars encor me fait subir sa loi;
Mais son charme est détruit, et ma faible mémoire
S'efforcerait en vain de l'offrir à mes yeux.
Ce dieu, dont les douceurs consolent notre vie,

L'Hymen, en allumant pour moi ses tendres feux,
En me donnant la main d'une femme chérie,
Me fit voir qu'ici-bas on pouvait être heureux !
Je l'étais !... Je goûtais un charme inexprimable,
Un bonheur qu'amitié semblait rendre durable ;
Mais le sage peut-il compter sur des beaux jours ?
L'air est pur, tout à coup au loin gronde l'orage ;
De même, le destin, qui me poursuit toujours,
De l'Hymen a détruit le précieux ouvrage.
Loin d'une épouse chère et d'un fils adoré,
Péniblement je coule une triste existence,
Et, pour calmer les maux dont je suis dévoré,
Le *souvenir* me reste et la douce *espérance !*
De ces vifs sentiments, qui font battre mon cœur,
Je sais apprécier la divine influence ;
Mais, seuls, ils ne sauraient assurer mon bonheur.
L'absence est un tourment : d'elle naît ma tristesse !
Vous qui de l'amitié reconnaissez la voix,
Soyez justes, rendez hommage à ma tendresse !
Près de vous, ma conduite a, je pense, des droits ;
Je suis triste, il est vrai ; mais ne dois-je pas l'être ?
Loin de tendres amis, puis-je autrement paraître ?

Acrostiche.

Rose est le nom qu'on donne à beauté séduisante ;
On vous appelle ainsi, car tout en vous enchante :
Sa fraîcheur est la vôtre, on cite vos atours ;
Elle existe un matin, vous brillerez toujours !

Mot pour rire.

Il est parfois de ces naïvetés
   Qui, malgré nous, échappent et font rire;
   Le plus souvent ce sont des vérités,
Aussi serait-il bien de ne pas les redire;
   Mais laissons là toute observation,
      Et veuillez me prêter l'oreille.
      — D'un plaisant, c'était un Gascon,
Je veux vous rapporter l'histoire sans pareille.
      Albert était, je crois, son nom;
   Fort curieux et causant à merveille,
Fausse ou non, en rentrant au logis chaque jour,
A sa femme contait propos, plaisanterie;
Lise était enchantée; un peu libre en amour,
      Elle aimait fine raillerie!
Un jour donc, notre Albert, en riant aux éclats,
   Disait à sa moitié : « Ma chère,
» La drôle d'aventure! ah! je n'en reviens pas!
   » On va, dit-on, à la rivière
» Jeter tous les c....! c'est un affreux danger!...
— » Dans la rivière!... ô dieux! s'écria la bergère!...
   » Ah! cher ami, dis-moi, sais-tu nager?... »

Charade.

   Mon premier est une voyelle;
Mon second se prononce avec recueillement,
   Et mon entier, près de sa belle,
   Se dit toujours en soupirant.

Chanson.

Aimer le vin et sa maîtresse
Etait l'adage du vieux temps;
Thaïs partage mon ivresse :
L'amour confond nos sentiments.
Je vois le bonheur me sourire,
Je le trouve dans la gaîté;
Amis, partagez mon délire :
Chantez Bacchus et la beauté.

La richesse est une manie;
Pour elle beaucoup font des vœux;
A jamais! moi, je l'ai bannie,
Et m'en estime plus heureux.
Grâce à mes amis, à moi-même,
Dans ce monde je n'ai plus rien;
Peu m'importe, je bois, on m'aime :
Voilà, je pense, le vrai bien.

Le créancier, l'homme d'affaire,
Fatigués, grondent après moi;
J'excite un moment leur colère :
Ils parlent de prison, de loi.
Je fais le sourd, je les caresse;
Nous n'en restons pas moins amis,
Et, désarmés par la promesse,
Ils font plus qu'ils ne m'ont promis.

Ma peine est bientôt effacée;
Jamais un cruel souvenir
Ne vient fatiguer ma pensée :
Tout me flatte dans l'avenir.

Le présent me charme et m'enchante,
Partout j'entrevois le bonheur;
Bon vin et maîtresse charmante,
Que faut-il de plus à mon cœur?...

A un Ami.

Rien n'est cruel comme l'absence,
Source éternelle de regrets;
Le charme de notre existence
Par elle est détruit à jamais.
Loin de moi le cœur insensible
Qui la supporte froidement;
Ami, le crois-tu susceptible
D'apprécier un sentiment?
Une indifférence profonde
L'absorbe : adieu, tendres désirs;
Ils sont utiles dans ce monde,
Parfois ils charment nos loisirs.
Hélas! bien plus à plaindre encore
Le cœur qui ne peut l'endurer!
Tout au chagrin qui le dévore,
Rien ne saurait le récréer;
D'une aimable correspondance
En vain le style est emprunté;
Le cœur dicte en vain ce qu'il pense :
L'objet est toujours regretté.
Ah! cher ami, rien ne remplace
Un mot, un regard, ces élans!...
C'est alors qu'on se les retrace
Que l'on augmente ses tourments.
Près d'une amie aimable et belle,

Heureux celui qui peut toujours,
Sans craindre une absence cruelle,
Paisiblement couler ses jours !
Hélas ! jouet d'un sort terrible,
J'en ressens l'extrême rigueur ;
Ma vie est un trajet pénible :
Pour compagne j'ai ma douleur.
En vain je cherche à me distraire,
Accablé par un vide affreux ;
Loin de celle qui m'a su plaire,
Non, je ne saurais être heureux !...
Il est une consolatrice
Qui nous soutient dans nos malheurs :
Espérance !... sois-moi propice,
Ah ! viens mettre un terme à mes pleurs !

Avis.

Contre toute vicissitude,
Mes amis, sachons nous roidir ;
De tout, créons une habitude :
Dans ce monde, il faut s'étourdir !

Mais à la peine on est sensible ;
Plaisir toujours nous fait bondir.
Sentiment trop fort est nuisible :
Dans ce monde, il faut s'étourdir.

S'il est peu d'heureux sur la terre,
C'est qu'on veut tout approfondir ;
Pour l'être, il n'est qu'une manière :
Il faut chercher à s'étourdir !

Épître à mon Ami.

Ami, pourquoi chanter? Non, rien ne m'y convie :
Le passé ne me laisse aucun doux souvenir;
Le présent, tu le vois, n'embellit point ma vie;
L'espérance, il est vrai, me montre l'avenir;
Mais sera-t-il heureux, ou du moins supportable?...
Pour oublier mes maux, en arrêter le cours,
Puissé-je, près d'un fils, d'une épouse adorable.
Couler paisiblement le reste de mes jours.
Voilà mon vœu; lui seul, à mon âme attendrie
Rendrait ce calme heureux si longtemps désiré.
Ah! vain espoir : absent de la France chérie,
Sur un sol étranger, par l'ennui dévoré,
Je poursuis de nouveau les chances de la guerre;
Mais l'âge a refroidi cette bouillante ardeur,
Cette soif des combats qui m'animaient naguère,
Et j'oublie à jamais la gloire, la grandeur.
Des fortes passions j'ai ressenti l'ivresse;
Ami, ce n'est pas vivre, et je veux être heureux.
Un sentiment plus doux, celui de la tendresse,
Convient seul à mon cœur et seul comble mes vœux ;
Une épouse, un enfant me font chérir la vie :
Par eux, de l'amitié je goûte les douceurs.
Mon sort, jusqu'à ce jour, était digne d'envie;
Ce départ m'a causé de nouvelles douleurs.
A toi je m'abandonne, ô divine espérance!
Avec calme fais-moi supporter les tourments
Que j'endure aujourd'hui par une longue absence.
Et fais que l'avenir console mes vieux ans.

Les Adieux.

STANCES.

Je le vois par expérience,
Il n'est point de parfait bonheur;
J'étais malheureux par l'absence!...
Mon départ me navre le cœur.

Pour adoucir ma solitude,
Pour mieux endurer mes tourments,
J'avais créé douce habitude :
J'y trouvais maints délassements!

Je pars!... mon regret est sincère;
Vous que je voyais tous les jours!...
Beaux sites qui m'aviez su plaire!...
Adieu, peut-être, pour toujours!

Lieux chéris témoins de mes larmes,
Domaine antique d'un grand roi (1),
Je suis Français, alors vos charmes
Ne s'effaceront point en moi!

Adieu, je pars!... amitié tendre
Jusqu'alors a su nous unir;
Amis, ne dois-je pas prétendre
A votre aimable souvenir?...

Revoir une épouse fidèle
Devient, pour moi, plaisir bien doux;
Mon cœur sera toujours pour elle,
Et sincère amitié pour vous.

(1) Beau parc dépendant du château de Henri IV.

Le Plaisir et la Raison.

COUPLETS.

Amis, pour jouir dans ce monde,
Il faut caresser ses penchants;
Je sais, la sagesse gronde
Et voudrait maîtriser nos sens.
Quel parti devons-nous donc prendre?
L'excés en tout est une erreur;
A la raison sachons nous rendre!...
Du plaisir goûtons la douceur.

La nature n'est point constante,
Elle suit le cours des saisons;
De même la jeunesse ardente
Se laisse aller aux passions.
Jouir pour elle est nécessaire,
Tout lui dit de boire et d'aimer;
Il faut, je crois, la laisser faire :
L'âge viendra bien la calmer.

Plaisir s'envole avec vitesse;
Chaque instant nous est précieux;
Employons bien notre jeunesse,
Ainsi disaient nos bons aïeux.
Mais ne laissons point le sage;
Ses dogmes offrent des attraits;
Souvent qui les aime à tout âge
Peut s'épargner bien des regrets!

Couplets.

Le bonheur est-il sur la terre?
Beaucoup nous disent : c'est douteux.
Pour le goûter, que faut-il faire?...
C'est encor du mystérieux.
Forte dose de patience,
Un frein à nos moindres désirs.
Profiter de l'expérience,
C'est se préparer des plaisirs.

Mais pourquoi chercher à connaître
Si le bonheur peut exister?
L'homme est heureux quand il croit l'être :
Rien ne saurait le contester.
Nous avons par trop de caprices,
De là dérivent nos malheurs;
Peu de chose fait nos délices,
Un rien nous fait verser des pleurs.

Si j'étais maître de la terre,
Je ferais, je crois, des heureux:
Je chercherais à satisfaire
Et les caprices et les vœux.
Aux guerriers j'offrirais la gloire :
Un baiser suffit à l'amant;
Il faut un trésor à l'avare,
A la coquette un courtisan.

Amis, je ferais de la vie
Un passage délicieux :
L'Amour, Bacchus et la Folie
Auraient des autels en tous lieux.

Pour moi plus d'absence cruelle,
Mon cœur ne la peut supporter :
Loin d'une épouse aimable et belle,
Non, non, ce n'est point exister.

Romance.

A quoi bon faire des serments?
Le cœur a par trop de faiblesse ;
Sujets à ses égarements,
Nous sommes à plaindre sans cesse.

C'en est fait, plus d'amours constants!
Adieu, Lisette, je t'oublie!.....
A quoi bon faire des serments?
Lisette est aimable et jolie!

Tu ne peux douter que, pour toi,
Mon cœur a par trop de faiblesse ;
Friponne, hélas! épargne-moi :
N'ai-je pas droit à la tendresse?

J'ai pu changer quelques instants ;
Mais mon repentir est sincère.
Le cœur a ses égarements :
Lisette, ne sois point sévère!...

Comme moi, tu sais qu'en amour
Nous sommes à plaindre sans cesse ;
Paye-moi d'un peu de retour,
Nos jours couleront dans l'ivresse.

Lisette, allons, plus de serments!
Le cœur a par trop de faiblesse;
Sujets à ses égarements,
Nous serions à plaindre sans cesse.

L'Amour & l'Amitié.

ROMANCE.

Parfois, l'amour peut rendre heureux;
Amitié tendre est préférable :
L'un quelquefois est dangereux,
L'autre toujours est agréable.

C'était l'avis de nos aïeux,
Et c'est encor celui du sage;
Car si l'amour peut rendre heureux,
Il est souvent un esclavage.

J'aimais Lisette avec fureur;
Amitié tendre est préférable;
Toute passion est erreur :
Lisette, aucune n'est durable.

Aussi, d'Amour craignons les feux;
Ils peuvent bien avoir des charmes,
Mais souvent ils sont dangereux
Et nous font répandre des larmes.

D'amitié, tendre sentiment,
Toute la vie est agréable;
On jouit d'un bonheur constant :
Plaisir d'amour n'est jamais stable.

Crois-moi, l'amour peut rendre heureux ;
Amitié tendre est préférable :
Lisette, l'un est dangereux,
L'autre toujours est agréable.

Nota. — J'ai dû placer, dans chacun des couplets de ces deux pièces, un des vers qui composent le premier.

Épître à mon Ami.

Le bonheur est une chimère ;
On peut cependant être heureux,
Ami, me dis-tu, comment faire?...
Ne crois pas être malheureux.
Cette maxime incontestable
Se trouve en défaut tous les jours,
Car l'homme n'est point raisonnable :
Ses désirs l'égarent toujours.
Son âme, par trop asservie
Aux plaisirs qu'il voudrait goûter,
Voile les écueils de la vie,
Parfois cruels à surmonter.
Ces échecs produisent la peine,
Alors il n'est plus de bonheur ;
Alors la vie est une chaîne
D'une effrayante pesanteur.
Ami, telle est l'erreur humaine ;
Crois-moi, restreignons nos désirs ;
Que la gaîté, que la sagesse
Viennent présider nos plaisirs ;
Aimons, secourons la vieillesse.
Il faut un peu d'ambition,
Ce mal est reconnu nécessaire,
Délaissons toute illusion ;

Le présent doit nous satisfaire,
Si l'on veut s'épargner des pleurs.
Ensuite, à l'amitié sincère
Offrons un autel dans nos cœurs.
J'oubliais qu'il faut du courage,
De la patience en tout temps;
Un beau ciel n'est point sans nuage:
Nous ne sommes point sans tourments!

Acrostiche.

J'admire et trouve en vous des vertus, des appas,
Un don flatteur : celui d'être aimable et de plaire.
Le plus indifférent, étonné, suit vos pas;
Il soupire et redit : aimer est nécessaire!
Esprit, cœur excellent, le ciel vous a donné
Toutes les qualités, les vrais dons en partage;
Tout flatte et brille en vous, l'art n'a rien façonné,
Et, sans vous en douter, vous plairez à tout âge.

Autre.

Dans ce monde, espérer un aimable retour
Est, je crois, une erreur, le rêve de l'enfance.
Les serments, que sont-ils? Une mode du jour;
Partout, dans trop de cœurs, se montre l'inconstance.
Hier, ah! je disais : *Soyons indifférent!*
Il arrive parfois que l'on ne saurait l'être;
Nul ne peut, mieux que moi, le dire en ce moment :
En vous voyant, peut-on seulement le paraître?

Impromptu.

Glicère m'a donné son cœur ;
Dois-je douter de sa constance ?
Elle brille par la candeur ;
On est ému par sa présence.
Oui, tout chez elle est vérité ;
A mon bonheur je m'abandonne ;
J'y vois de la réalité :
Le plus doux espoir le couronne.

Compliment.

De notre aimable instituteur
Aujourd'hui célébrons la fête ;
N'est-ce pas un jour de bonheur ?
Alors, à chanter qu'on s'apprête.
Pour lui, les siens, formons des vœux ;
Amis, si nous voulons lui plaire,
Soyons soumis et studieux !...
Je tiens cet avis de ma mère !

Charade.

Mon premier est, lecteur, un métal précieux ;
    Mon second est inévitable ;
    Mon entier, toujours redoutable,
Souvent fait un ravage affreux.

Réponse à un Ami.

A peine aux portes de la vie,
Du sort j'ai connu les rigueurs,
Et loin de ma belle patrie
J'ai vu couler mes premiers pleurs.
Ce dieu qui flatte la jeunesse,
Mars, guidait mes pas chancelants,
Et, soutenu par la sagesse,
Sans plaisirs s'envolaient mes ans !
— Le matelot, que la tempête
A maintes fois épouvanté,
Avec joie abrite sa tête
Sous le toit qu'il avait quitté ;
De même, après dix ans d'absence,
Accablé sous le poids des maux,
Vers les bords où j'ai pris naissance
On m'a vu chercher le repos.
— De l'amour j'ignorais les charmes ;
Mon cœur sut bientôt les goûter,
Et l'hymen, en séchant mes larmes,
M'apprit le bonheur d'exister.
Mais les peines, sur cette terre,
Nous assiégent à chaque pas ;
Hélas ! la joie est passagère :
La mienne, aussi, ne dura pas.
— Celle qui gouverne le monde,
Cette inconstante déité,
Par nous caressée à la ronde,
Qui fait notre félicité ;
Ami, la Fortune traîtresse
Soudain m'accabla, tu le sais !...

Alors une sombre tristesse
Se répandit sur tous mes traits.
. . . .
. . . .
— Ces cris eurent pour moi des charmes,
Ils dissipèrent mes tourments :
Je volai soudain à mes armes,
Et Mars me revoit dans ses rangs !
Heureux de servir ma patrie
Sous la bannière de nos rois,
J'ai repris ma lyre chérie,
Longtemps muette sous mes doigts.
— Cette lyre, sans harmonie,
N'a point l'art heureux de charmer ;
Mais ne peut-on point, sans génie,
Dire à son roi qu'on sait l'aimer ?...
La douce vérité l'inspire ;
Elle anime ses faibles sons,
Et les applaudir, c'est me dire :
Comme toi, j'aime les chansons !
— La tendre amitié rend aimable ;
Les éloges que tu me fais
Dans ton vers facile, agréable,
Mon cœur y trouve tous ses traits.
Cher voisin, un pareil suffrage
Me plaît, et je vais le goûter ;
Mais je mettrai tout en usage,
Dès lors, pour mieux le mériter.

Chanson de Table.

Si je sens, du chagrin,
La cruelle influence,
Je fais porter du vin,
Je bois en abondance.
Divine volupté
S'empare de mon être,
Et je vois la gaîté
Aussitôt reparaître.

Amis, je laisse aux grands
Les faveurs et la gloire;
J'abandonne aux savants
Le temple de mémoire;
La fortune à Lindor,
Le miroir à Glicère;
Amis, j'ai pour trésor
Ma bouteille et mon verre.

Pour ne vieillir jamais,
Avoir l'humeur égale,
Il faut boire à longs traits
Jusqu'à l'heure fatale.
Versez, versez toujours,
Cette liqueur divine
Vient arrêter le cours
Du chagrin qui nous mine.

Bouvons, il faut aimer,
C'est la vertu première;
Elle a tout pour charmer :
La suivre est nécessaire.

Oui, de ce divin jus
Buvons, le temps nous presse;
De l'Amour, de Bacchus
Méritons la tendresse.

A une Demoiselle le jour de sa Fête.

La bonté, les fleurs du bel âge
   Brillent sur chacun de vos traits;
On cite vos vertus, votre rare apanage,
   Vous devez être exempte de souhaits.
Eh bien! s'il faut le croire, une sombre tristesse
   Paraît accabler votre cœur.
Insensible aux plaisirs, vous soupirez sans cesse;
   D'où vient cette douleur?
   Marraine, on vous adore;
   Pour goûter le bonheur
   Que vous faut-il encore?
   En parcourant des yeux
   Cette enceinte chérie,
Ah! puis-je être étonné si vous faites des vœux?
   Deux sœurs, une aimable Marie
   Depuis longtemps ne l'embellissent plus;
Vos regrets sont les miens, oui, chacun les partage.
   Nous seront-ils bientôt rendus
Ces deux objets auxquels nos cœurs rendent hommage?...
Mais chaque instant qui fuit approche l'heureux jour
Qui doit nous réunir à ce trio d'amour.
   Voilà notre espérance;
   Elle doit nous charmer;
   Seule, elle sait calmer
   Les tourments de l'absence.

Le plaisir n'a qu'un temps,
On le voit disparaître
Comme la fleur des champs
Que le matin voit naître;
Il faut pour le goûter
Le saisir au passage.
Vous qu'on ne peut flatter
Ayant tout en partage,
La peine et ses rigueurs
Ne sont point de votre âge.
Recherchez du plaisir les aimables douceurs;
Tout ici vous sourit, vous régnez sur les cœurs.

Le Départ du 15 novembre 1825.

A VOUS.

La fortune a beau nous sourire,
Les plaisirs flatter nos penchants,
Sans cesse notre cœur soupire :
Nous ne sommes jamais contents !

Ouvrez les yeux, tout vous l'assure :
Le grand veut prospérer encor;
Contre l'âge Lise murmure;
L'avare n'a pas assez d'or.

Le monde entier gémit! moi-même
Je subis la commune loi;
Loin du tendre objet que j'aime,
Je disais : Amis, plaignez-moi!

L'heure aimable du retour sonne,
Je suis loin d'être satisfait !...
Ma plainte, je crois, se pardonne :
Ah ! c'est l'amitié qui la fait !

Je pars ! et, loin de moi, je laisse
D'excellents voisins... des amis !...
Peut-on m'accuser de faiblesse
Si je pleure, si je gémis ?...

Oui, seules vous êtes coupables,
O vous qui charmez mes loisirs !...
Car, si vous n'étiez pas aimables,
Partir comblerait mes désirs.

Acrostiche.

Comment ne pas l'aimer,
La trouver adorable ?
Elle a tout pour charmer :
Maintien doux, agréable,
Esprit sans fard, douceur.
Ne pas aimer Clémence,
Certes, d'après mon cœur,
Est preuve de démence.

Charade.

Cher lecteur, mon premier
Se sert de mon dernier
Pour manger mon entier.

Épître à mon Ami.

Comme une vapeur passagère,
J'ai vu s'envoler mes beaux jours;
J'ai perdu ma gaîté première,
Plaisirs m'ont quitté pour toujours.
Bercé sur leurs ailes légères,
Je m'enivrais aveuglément
De leurs faveurs trop mensongères;
J'existais, mais rien n'est constant!
Voyez la rose éblouissante,
A peine le brillant Phébus,
L'a, de sa chaleur bienfaisante,
Fait naître, elle n'existe plus.
Ah! que mon erreur est extrême,
Et que n'ai-je un pareil destin!
Elle n'existe qu'un matin,
Mais c'est celui du bonheur même...
— Ami, tu connais mon tourment :
J'aimais, j'avais espoir de l'être,
Hélas! toujours c'est au moment
Où l'amour semble nous promettre
Un avenir des plus heureux;
Où, bercé par douce espérance,
Tout paraît sourire à nos yeux,
Que cesse notre jouissance;
Le cruel sort toujours pervers
Contre nous, menace, médite,
Et, nous accablant de revers,
Détruit le bonheur qui l'irrite.
Sagesse, viens à mon secours;
Fais-moi renoncer à Lisette,

A mes serments, à mes amours,
Pour jamais elle me regrette;
A moi Lindor est préféré !...
Hélas, que me reproche-t-elle?...
Tout fier de me croire adoré,
Je subissais sa loi cruelle :
La voir, caresser ses désirs,
Vanter sa beauté, sa sagesse,
La distraire dans ses loisirs,
Etait l'objet de ma tendresse.
Je brûle encor des mêmes feux,
Et ma Lisette est inconstante !...
Ah! c'en est trop, brisons ces nœuds,
Etouffons cette ardeur brûlante
Qui fait ma honte et mon malheur :
Amour, je ne crains plus tes armes!
Tu viens de m'endurcir le cœur;
Trop souvent j'ai versé des larmes,
Adieu, trompeuse illusion;
Dans une douce indifférence
Je vais, aidé par la raison,
Chercher dès lors une existence
Qui ne me fera plus gémir.
— Ami, ton exemple, j'espère,
Dans ce projet va m'affermir;
Oui, ta félicité m'éclaire.
D'amour, ignorant les tourments,
Si ton cœur par hasard soupire,
Il est mû par doux sentiments
Que tendre amitié seule inspire.
La nature te guide en tout;
Tu la dépeins, l'imite même
Dans tes écrits et par le goût.
Hélas! dans ton délire extrême,
Que de fois tu m'as répété :

Ouvre les yeux, vois la nature,
Admire sa rare beauté;
L'élégance de sa parure,
Son ensemble miraculeux
Où se perd notre intelligence;
Vois le simple, le merveilleux
Unis avec munificence;
Crois-moi, qui cherche le bonheur,
Le trouve au sein de la nature.
— Oui, je crois à cette douceur,
A ce bien-être que procure
Ton état de tranquillité;
A jamais je renonce au monde,
A sa rude futilité.
Dans ce projet, tout me seconde;
La lecture offre des attraits :
J'ai des livres par excellence;
Je profiterai des bienfaits
Qu'on acquiert avec la science.
Aussi, sage contemplateur
De la nature que j'admire,
Comme toi j'aurai la douceur
De m'amuser et de m'instruire.
Je me promets divers plaisirs;
Pour donner un charme à l'étude
J'utiliserai mes loisirs
En me créant douce habitude :
J'aime la pêche, je chasserai;
Dans ces délassements, d'avance,
J'entrevois que je doublerai
Le charme de mon existence.
C'en est fait, j'oublie à jamais
Serments, illusion trompeuse,
Et ma vie, ami, désormais,
Sera, j'espère, plus heureuse.

Charade.

UNE DAME A SON AMIE.

Dire que je serais charmée
D'être sans cesse à vos côtés;
Vous répéter que vous êtes aimée,
Que vous brillez par mille qualités,
    C'est exprimer ce que je pense.
  Une voyelle est aussi mon premier.
Sous un soleil brûlant, mon second prend naissance;
Cette plante, semblable au cœur de mon entier,
Cherche un appui, s'enlace à ce qui l'environne.
Peut-être, à ce tableau, dois-je encore ajouter
Que mon tout est le nom d'une aimable personne?
Mais, quoi! vous souriez... j'aurais dû m'arrêter.

FIN.

TABLE.

	pag.
Avant-propos	5
Lettre de M. Hector Berge	a
A mes lecteurs	11
Voyage d'agrément. — Une curiosité	13
Anecdote historique	16
Mercure et le bûcheron (fable)	22
Félix et Lucile (anecdote)	24
Sainte Anne (1862)	30
Les conseils du renard (fable)	31
Couplets	33
Charmes de la solitude. — Une vision dans une promenade	35
Bluette morale	39
Le monde est un théâtre	41
Bluette légère	42
La tête de Méduse	43
L'hiver (chansonnette)	44
Romance	46
Epître à mon ami (boutade)	49
Chansonnette	52
Epître à mon ami	53
Délassement	58
Epître à mon ami	60
1er janvier 1862	62
Bluette légère	63
Anecdote morale	64
Simples réflexions du vieux soldat	68
Historiette morale	72
Bluette	79
Romance	80
Epître anecdotique, ou la vie de ce monde	82
Regrets (chansonnette)	85
Simple réflexion	87
Epître à mon ami. — Voyage en Egypte	ib.
Epître à mon ami	92
Le printemps (chansonnette)	96
Epître à mon ami	98
Charade (devoir)	104
Autre (boisson)	105
Autre (prévision)	106
Autre (devin)	107
Autre (éloge)	ib.
Autre (cordonnier)	108
Autre (chevreau)	109
Autre (chercher)	ib.
Autre (rateau)	110
Autre (univers)	ib.
Bluette	ib.
Anecdote historique et morale	113
Epître à mon ami	118
Epître	120
Un voyage (1862)	125
Romance	135
Anecdote historique	137
Autre anecdote historique	145
Boutade	148
Enigme	149
Epître à mon ami (bluette)	150
Le singe et l'âne charlatan (fab.)	153
Anecdote morale	155
Voyage du 6 octobre 1862. — Hommage à la famille Girard, de Rochefort	158
La croix de Louis XII	166
Admirable patience (anecdote morale	168
Couplets pour le mariage de M. Alfred de Saint-Paul	171
La Providence	173
La frugalité	177
La piété filiale récompensée	178
La flatterie (historique)	181

	pag.
La sincérité	183
Anecdote historique et morale	184
L'instituteur	191
La Sœur de charité	192
Acrostiche	194
Touchante oraison funèbre	ib.
Cachet de M. Hector Berge (bluette)	198
Mariage de ma petite-nièce Céline de L.... (couplets)	199
Maxime de sagesse	201
Une définition de la charité	202
Charade (demain)	204
Le bouillon de corbeau (anecdote)	205
Le commis-voyageur et l'abbé (anecdote)	207
Le travail	209
La charité devrait être inépuisable	211
La réconciliation	214
Le manteau de saint Martin	216
Anecdote historique et morale	219
Le chemin de la vie	222
Le nid d'oiseau (fable)	223
Indulgence de saint François de Salles	224
Rêverie	226
Simple à-propos	227
Sainte Anne (1863)	228
A-propos	229
Bluette	230
Les réparations locatives	ib.
Chansonnette	232
Souvenir et reconnaissance	234
Chansonnette	238
L'échange de souliers	240
Le prêtre	242
Epître à mon ami	244
Charade (blancheur)	249
Enigme (chapeau)	250

	pag.
Autre (liberté)	251
Simple délassement	252
Méditation	255
Bluette	258
Chanson	259
Chanson de table	261
Réponse à un ami	262
Aveu fait à un mariage (chanson)	265
Epître à mon ami	266
Historiette	272
Chanson	273
Boutade	274
Acrostiche	275
Mot pour rire	276
Charade (adieu)	ib.
Chanson	277
A un ami	278
Avis	279
Epître à mon ami	280
Les adieux (stances)	281
Le plaisir et la raison (couplets)	282
Couplets	283
Romance	284
L'amour et l'amitié (romance)	285
Epître à mon ami	286
Acrostiche	287
Autre	ib.
Impromptu	288
Compliment	ib.
Charade (orage)	ib.
Réponse à un ami	289
Chanson de table	291
A une demoiselle le jour de sa fête	292
Le départ du 15 novembre 1825 (à vous)	293
Acrostiche	294
Charade (chiendent)	ib.
Epître à mon ami	295
Charade (Eliane)	298

Limoges, Typ. Chatras.

www.ingramcontent.com/pod-product-compliance
Lightning Source LLC
Chambersburg PA
CBHW071414150426
43191CB00008B/912